큰 그림과 큰 글씨로 눈이 편하게!

쓱싹 시리즈 22

쓱 하고 싹 배우는

파워포인트 365

★ 저자 최옥주 ★

YoungJin.com **Y.**
영진닷컴

B-1001, Gab-eul Great Valley, 32, Digital-ro 9-gil, Geumcheon-gu, Seoul, Republic of Korea.
All rights reserved. First published by Youngjin.com. in 2025. Printed in Korea

ISBN : 978-89-314-7941-6

독자님의 의견을 받습니다.
이 책을 구입한 독자님은 영진닷컴의 가장 중요한 비평가이자 조언가입니다. 저희 책의 장점과 문제점이 무엇인지, 어떤 책이 출판되기를 바라는지, 책을 더욱 알차게 꾸밀 수 있는 아이디어가 있으면 이메일, 또는 우편으로 연락주시기 바랍니다. 의견을 주실 때에는 책 제목 및 독자님의 성함과 연락처(전화번호나 이메일)를 꼭 남겨 주시기 바랍니다. 독자님의 의견에 대해 바로 답변을 드리고, 또 독자님의 의견을 다음 책에 충분히 반영하도록 늘 노력하겠습니다.

이메일 : support@youngjin.com
주   소 : (우)08512 서울특별시 금천구 디지털로9길 32 갑을그레이트밸리 B동 1001호
등   록 : 2007. 4. 27. 제16-4189호

STAFF
저자 최옥주 | **기획** 기획 1팀 | **총괄** 김태경 | **진행** 김연희 | **디자인·편집** 김소연
영업 박준용, 임용수, 김도현, 이윤철 | **마케팅** 이승희, 김근주, 조민영, 김민지, 김진희, 이현아 | **제작** 황장협
인쇄 제이엠

이 책은요!

파워포인트 365를 이용해 멋진 프레젠테이션을 제작하는 방법을 배워요!

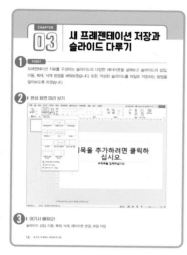

❶ **POINT**

챕터에서 배우게 될 내용을 간략하게 소개해요.

❷ **완성 화면 미리 보기**

챕터에서 배우게 되는 예제의 완성된 모습을 미리
만나요.

❸ **여기서 배워요!**

어떤 내용을 배울지 간략하게 살펴봐요. 배울 내용을
미리 알아 두면 훨씬 쉽고 재미있게 배울 수 있어요.

❹ **STEP**

예제를 하나하나 따라 하면서 본격적으로 기능을
익혀 봐요.

❺ **조금 더 배우기**

본문에서 설명하지 않은 내용 중 중요하거나
알아 두면 좋을 내용들을 알 수 있어요.

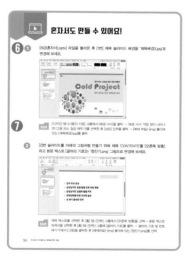

❻ **혼자서도 만들 수 있어요!**

챕터에서 배운 내용을 연습하면서 한 번 더 기능을
숙지해 봐요.

❼ **HINT**

문제를 풀 때 참고할 내용을 담았어요.

이 책의 목차

CHAPTER 01
Microsoft 365 구독과 실행

마이크로소프트 오피스 365는 월 사용료를 납부하는 구독형 오피스 프로그램으로, 클라우드 서비스를 통해 항상 최신 버전의 프로그램을 제공합니다. 파워포인트 365는 이런 마이크로소프트 오피스 365에 포함된 프레젠테이션 프로그램입니다. 학교 과제나 직장 발표 등 다양한 목적에 맞게 시청각적으로 효과적인 프레젠테이션 자료를 만들어 줍니다. 1강에서는 파워포인트 365를 효과적으로 사용하기 위해 오피스 365를 설치하는 방법에 대해서 살펴보도록 하겠습니다.

완성 화면 미리 보기

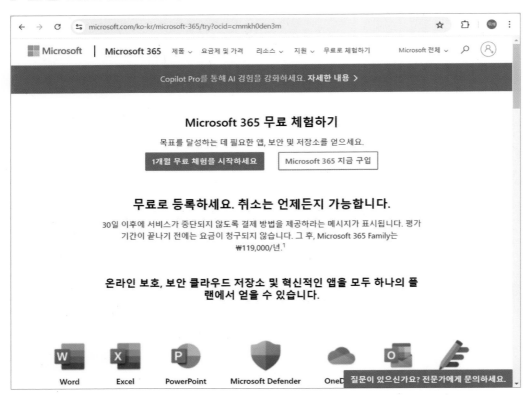

여기서 배워요!

Microsoft 365 접속 및 가입하기, Microsoft 365 설치하기

Microsoft 365 접속 및 가입하기

01 인터넷을 열어서 검색 창에 '마이크로소프트 365'를 입력한 후 검색합니다. 'Microsoft 365' 사이트에 접속한 후 [무료로 체험하기] 버튼을 클릭합니다.

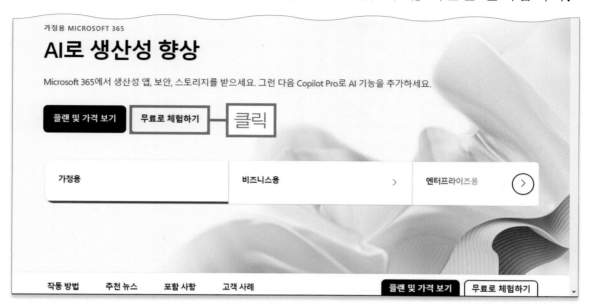

🖊 **조금 더 배우기**

무료 체험이란 Microsoft 365를 구독하기 전 1개월 동안 무료 체험하는 서비스입니다. 바로 구독하기 보다는 체험 후 판단할 수 있어 도움이 됩니다.

02 'Microsoft 365 무료 체험하기' 화면이 나타나면 [1개월 무료 체험을 시작하세요] 버튼을 클릭합니다.

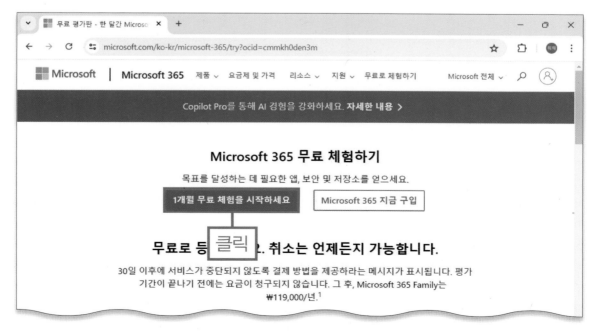

03 'Microsoft 365 로그인' 화면이 나타납니다. 계정이 있으면 '아이디'와 '비밀번호'를 입력하고 계정이 없다면 [계정을 만드세요!]를 클릭합니다.

🖋 **조금 더 배우기**

Microsoft 365를 설치하려면 Microsoft 아이디가 있어야 합니다. 한 번 아이디를 만들어 놓으면 Microsoft 제품군을 쉽게 설치 및 사용할 수 있습니다.

04 '약관' 화면이 나타나면 [자세히 알아보기]를 눌러 약관을 읽어보고 [뒤로] 버튼을 클릭합니다. 모든 약관에 체크한 후 [동의] 버튼을 클릭합니다.

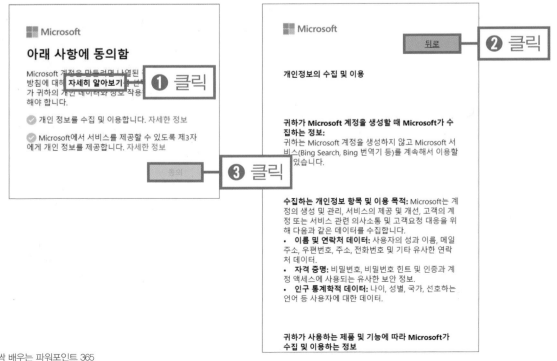

05 'Microsoft 365 계정 만들기' 화면이 나타나면 아이디로 사용할 이메일 주소를 입력한 후 [다음] 버튼을 클릭합니다. '암호 만들기' 화면이 나타나면 사용할 암호를 입력한 후 [다음] 버튼을 클릭합니다.

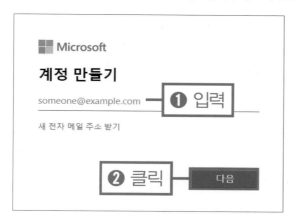
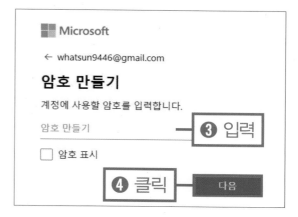

06 성과 이름을 입력한 후 [다음] 버튼을 클릭합니다. 국가와 생년월일을 설정한 후 [다음] 버튼을 클릭합니다.

07 입력한 이메일로 코드가 전송되면 그 이메일로 접속한 후 Microsoft 365에서 보낸 코드 번호를 그대로 '코드 입력' 공간에 입력한 다음 [동의하고 계정 만들기] 버튼을 클릭합니다.

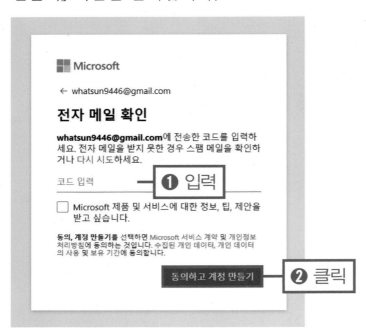

조금 더 배우기

계정을 만들다 보면 아래 그림처럼 사람인지 확인하는 퍼즐이 나옵니다. 퍼즐을 완성하고 계정을 만들어 봅니다.

Microsoft 365 설치하기

01 '구독 확인' 화면이 나타나면 [새 결제 방법 추가]를 클릭합니다.

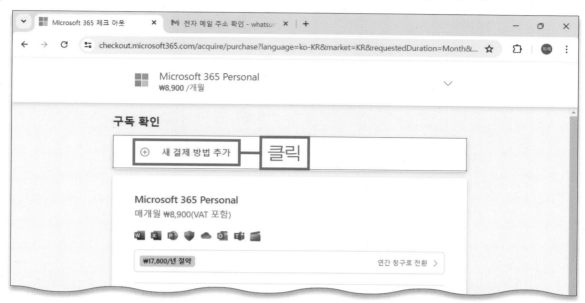

🪝 **조금 더 배우기**

무료 체험 1개월이라도 결제 정보는 미리 입력해 두어야 합니다. 무료 체험 1개월이 지나기 전 구독을 원치 않는 경우 구독 취소를 하면 구독료가 결제되지 않습니다. 그러나 1개월이 지나면 자동 결제된다는 점, 잘 기억해 두도록 하세요.

02 카드 결제를 선택하고 카드 정보를 입력한 후 [저장] 버튼을 클릭합니다. 카드 외 카카오페이, 휴대폰으로도 결제할 수 있습니다.

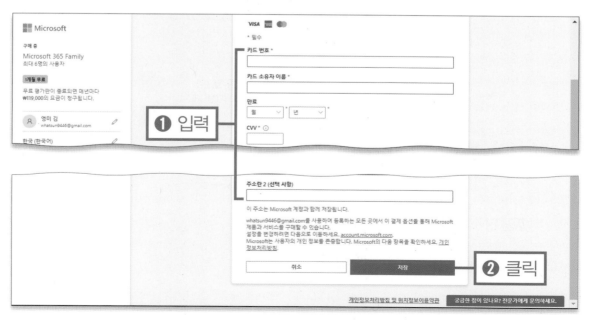

03 카드 정보를 다 입력하면 'Microsoft 365 다운로드' 화면이 나타납니다. 컴퓨터에 설치하기 위해 상단 오른쪽에 [데스크톱 앱 설치] 버튼을 클릭한 후 저장 위치를 지정한 다음 [저장]합니다.

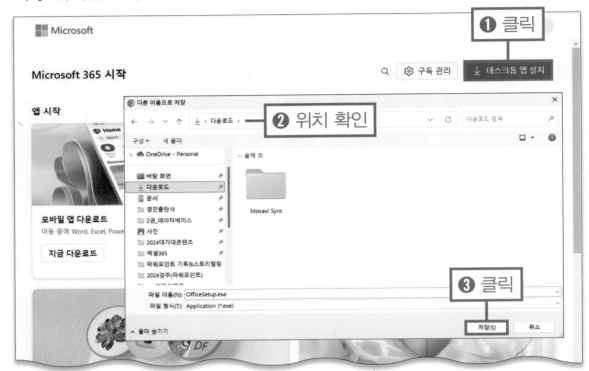

04 저장이 완료되면 저장한 위치로 이동한 후 [OfficeSetup.exe] 파일을 더블 클릭하여 설치합니다.

🔖 **조금 더 배우기**

Microsoft 365를 설치하려면 먼저 제어판에서 기존 Office 프로그램을 제거해야 설치가 가능합니다.

파워포인트 365 시작과 종료

파워포인트는 프레젠테이션 자료를 만드는 데 사용되는 프로그램입니다. 여기서 '프레젠테이션'이란 발표를 뜻하며 파워포인트를 통해 텍스트, 도형, 이미지, 동영상 등 다양한 시청각 자료를 활용하여 청중을 설득하기 위한 자료를 제작할 수 있습니다. 또한, 이 프로그램은 가족 앨범을 만드는 용도로도 활용될 수 있습니다.

▌완성 화면 미리 보기

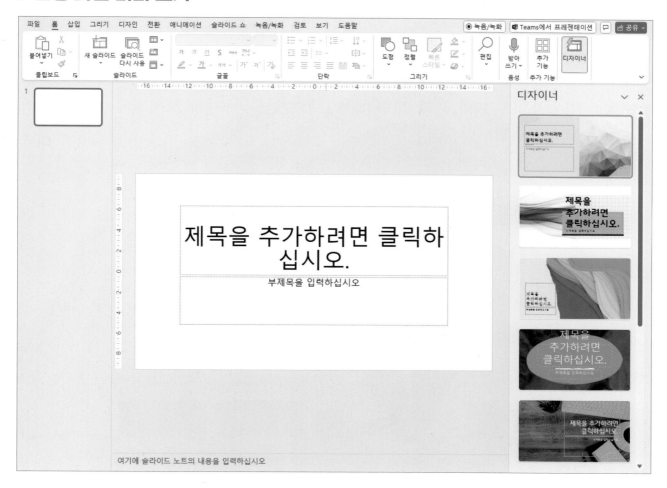

▌여기서 배워요!

파워포인트 365 실행과 종료, 파워포인트 365 기본 화면 구성 살펴보기

01 작업 표시줄에서 [시작](▦) 버튼을 클릭한 후 [모든 앱] 버튼을 클릭합니다. 펼쳐진 '모든 앱' 목록 중 [PowerPoint]를 클릭하여 실행합니다.

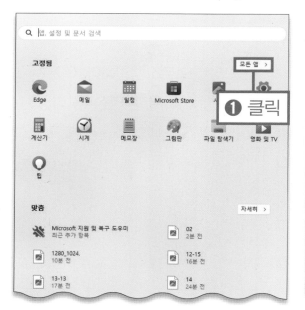 

02 '파워포인트 365 시작 화면'에서 [새로 만들기]–[새 프레젠테이션]을 차례대로 클릭합니다.

🔖 **조금 더 배우기**

파워포인트 365 실행 시 '시작 화면'이 나타나지 않게 하려면 [파일] 탭–[옵션]을 클릭합니다. [일반] 범주의 '시작 옵션'에서 [이 응용 프로그램을 시작할 때 시작 화면 표시]를 해제하면 됩니다.

파워포인트 365 종료하기

01 파워포인트 365를 종료하려면 오른쪽 상단에 있는 [닫기](⨯) 버튼을 클릭합니다.

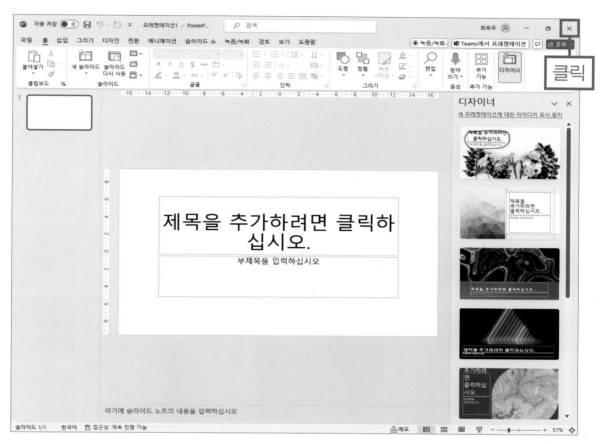

☂ **조금 더 배우기**

[파일]을 클릭한 후 메뉴 목록에서 [닫기]를 클릭해도 됩니다.

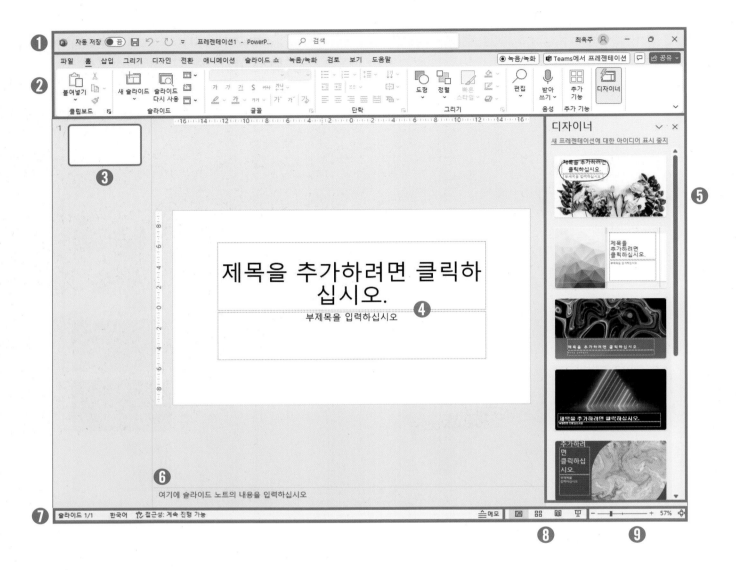

① **제목 표시줄** : 자동 저장, 빠른 실행 도구 모음, 파일 명, 로그인 사용자 명, 창 설정 단추, 종료 단추로 구성되어 있습니다.

- **자동 저장** : 기본 설정이 [끔]으로 되어 있습니다. [켬]으로 설정하면 마이크로소프트사에서 제공하는 [OneDrive]로 파일을 자동 저장하게 됩니다.

- **빠른 실행 도구 모음** : 자주 사용하는 명령을 빠르게 실행할 수 있도록 나열한 곳입니다.

- **파일 명** : 저장된 파일 명이 나타납니다. 저장 전 기본 파일 명은 '프레젠테이션1, 프레젠테이션2…'로 표시됩니다.

❷ **리본 메뉴** : 파워포인트 365 작업에 필요한 각종 명령 탭들과 그룹화된 명령 단추들이 표시됩니다.

❸ **슬라이드 미리 보기** : 또는 슬라이드 목록 창이라 하며 작성된 슬라이드를 미리 보기하는 창으로 슬라이드 이동, 복사, 삭제할 수 있습니다.

❹ **슬라이드 편집 창** : 실제 각종 개체와 명령을 이용하여 슬라이드를 작성하는 편집 창입니다.

❺ **슬라이드 디자인 창** : 프레젠테이션 디자인에 대한 아이디어를 제공해 주는 창입니다. [홈] 탭-[디자인]에서 해제할 수 있습니다.

❻ **슬라이드 노트 창** : 프레젠테이션 시 해당 슬라이드의 참고 자료 또는 대본으로 활용할 내용을 입력하는 창입니다.

❼ **상태 표시줄** : 슬라이드 번호/전체 슬라이드 수, 언어, 슬라이드 노트와 메모 작업 창 표시 및 숨기기 등의 설정 단추들이 표시되어 있는 곳입니다.

❽ **화면 보기 단추** : 기본, 여러 슬라이드, 읽기용 보기, 슬라이드 쇼 보기 등 작업에 유익한 화면 보기 상태로 전환할 수 있는 곳입니다.

❾ **확대/축소 도구** : 작업 중인 슬라이드를 확대/축소할 수 있습니다.

새 프레젠테이션 저장과 슬라이드 다루기

POINT

프레젠테이션 자료를 구성하는 슬라이드의 다양한 레이아웃을 살펴보고 슬라이드의 삽입, 이동, 복제, 삭제 방법을 배워보겠습니다. 또한, 작성된 슬라이드를 파일로 저장하는 방법을 알아보도록 하겠습니다.

▌완성 화면 미리 보기

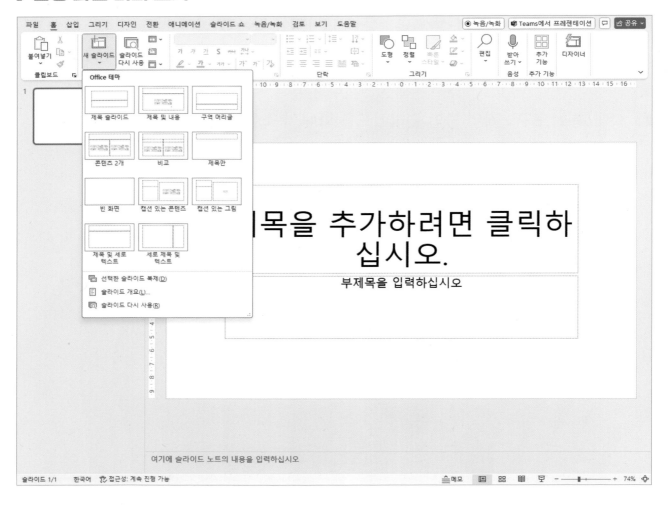

▌여기서 배워요!

슬라이드 삽입, 이동, 복제, 삭제, 레이아웃 변경, 파일 저장

슬라이드 삽입과 삭제

01 파워포인트 365를 실행하여 [새 프레젠테이션]을 선택합니다. 첫 번째 '제목 슬라이드' 다음에 새로운 슬라이드를 삽입하기 위해 [홈] 탭의 [슬라이드] 그룹에서 [새 슬라이드]-[제목 및 내용] 슬라이드를 차례대로 클릭합니다.

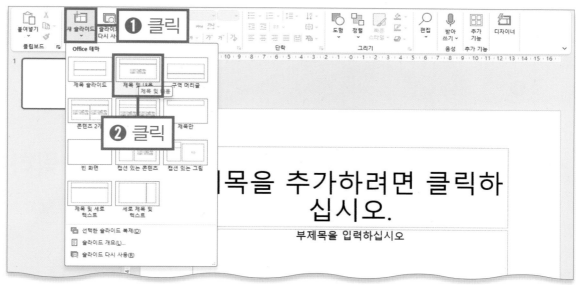

🔖 **조금 더 배우기**

새 슬라이드가 삽입되면 '디자이너' 창이 자동으로 활성되어서 추가된 슬라이드의 레이아웃을 변경할 수 있습니다. 적용 방법은 이후에 배우도록 하겠습니다. '디자이너' 창에서 [닫기](×) 버튼을 클릭하면 창이 닫힙니다.

02 삽입한 '제목 및 내용' 슬라이드를 삭제하기 위해 '슬라이드 미리 보기'의 두 번째 슬라이드 위에 마우스 오른쪽 버튼을 클릭한 후 [슬라이드 삭제]를 클릭합니다.

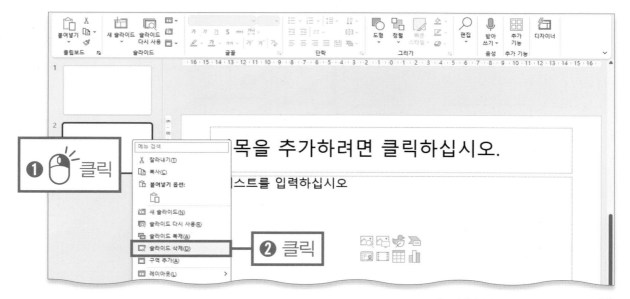

슬라이드 복제와 레이아웃 변경

01 '슬라이드 미리 보기' 창에서 첫 번째 슬라이드 위에 마우스 오른쪽 버튼을 클릭한 후 [슬라이드 복제]를 클릭합니다.

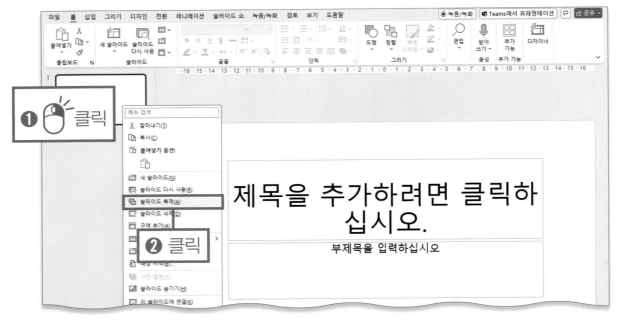

📖 **조금 더 배우기**

슬라이드 복사는 '슬라이드 미리 보기' 창에서 해당 슬라이드를 Ctrl+드래그하여도 됩니다.

02 복제된 두 번째 슬라이드의 레이아웃을 변경하기 위해 [홈] 탭-[슬라이드] 그룹에서 [슬라이드 레이아웃](▢▾)을 클릭한 후 [제목만]을 선택합니다. 두 번째 슬라이드가 [제목만]으로 변경됩니다.

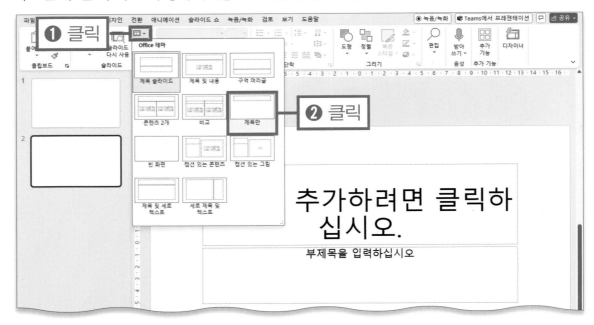

01 '슬라이드 미리 보기' 창에서 첫 번째 [제목 슬라이드]를 드래그하여 [제목만] 슬라이드 아래로 이동시킵니다.

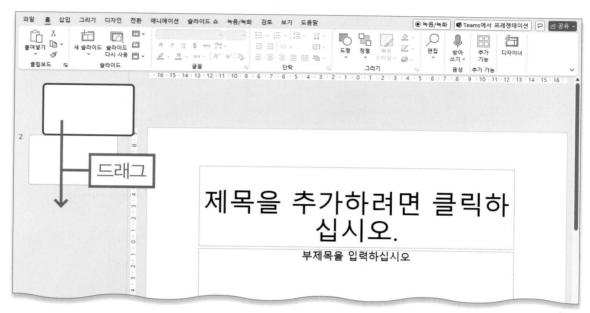

01 작성한 슬라이드를 저장하기 위해 [파일] 탭에서 [저장]을 클릭합니다. 저장 위치를 지정하기 위해서 [찾아보기]를 클릭합니다.

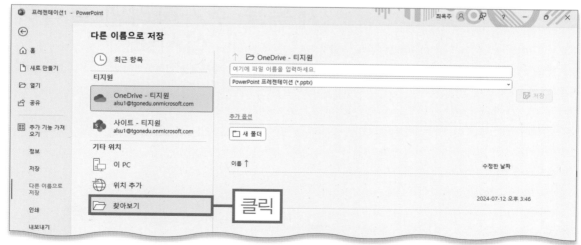

🎙 **조금 더 배우기**

'빠른 실행 도구 모음'에서 [저장](💾) 버튼을 클릭해도 됩니다.

02 '다른 이름으로 저장' 대화상자에서 저장 위치는 [문서], 파일 이름은 '연습용'으로 입력하고 [저장] 버튼을 클릭합니다.

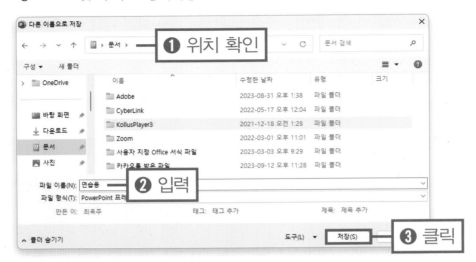

03 제목 표시줄에 저장된 파일 명 '연습용.pptx'가 나타나는 것을 확인할 수 있습니다.

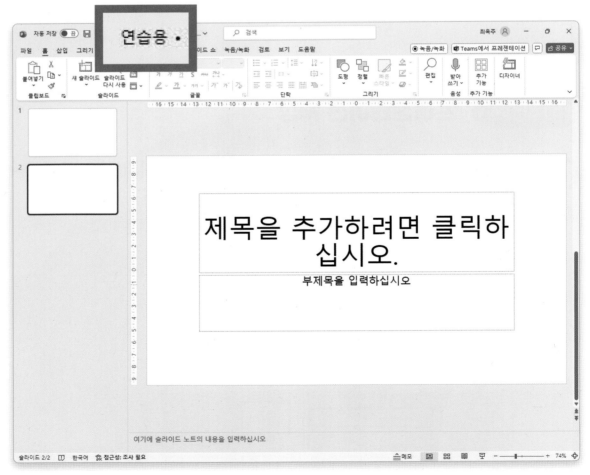

POINT

파워포인트 365에서 슬라이드 기본 크기는 '와이드 스크린'입니다. 하지만 슬라이드를 A4 용지에 인쇄하고자 한다면 와이드 스크린은 불필요한 여백을 남기게 됩니다. 이번 장에서는 슬라이드 크기를 변경하는 방법과 텍스트를 입력하는 방법에 대해서 알아보겠습니다.

▮ 완성 화면 미리 보기

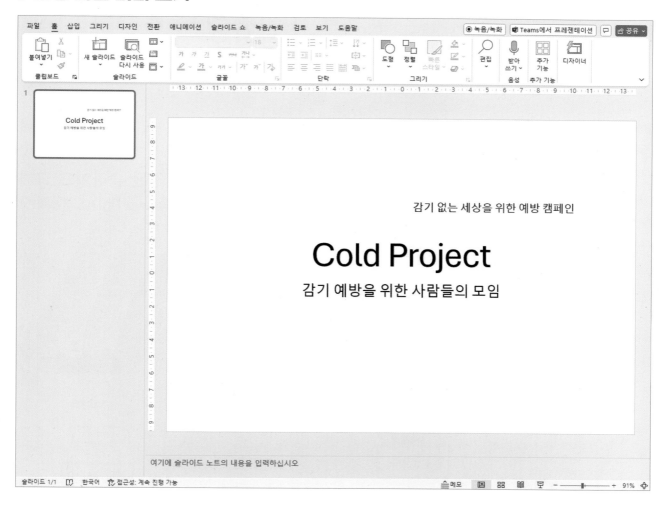

▮ 여기서 배워요!

슬라이드 크기 변경, 텍스트 입력, 텍스트 상자

슬라이드 크기 설정하기

01 파워포인트 365를 실행한 후 [새 프레젠테이션]을 클릭합니다. 슬라이드 크기를 변경하기 위해 [디자인] 탭-[사용자 지정] 그룹에서 [슬라이드 크기]-[사용자 지정 슬라이드 크기]를 차례대로 클릭합니다.

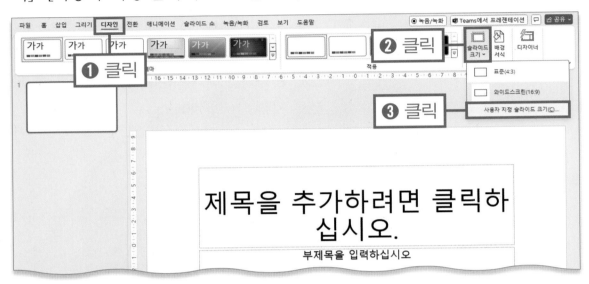

02 '슬라이드 크기' 대화상자가 나타나면 '슬라이드 크기'의 [목록] 단추를 클릭합니다. [A4 용지(210×297mm)]을 선택합니다. '슬라이드 시작 번호', '방향'은 기본 설정으로 두고 [확인] 버튼을 클릭합니다. 변경된 슬라이드 크기를 적용할 경우 콘텐츠 크기 조정을 묻는 'Microsoft PowerPoint' 대화상자가 나타납니다. [맞춤 확인]을 클릭합니다.

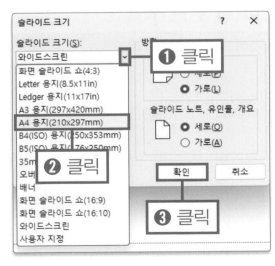
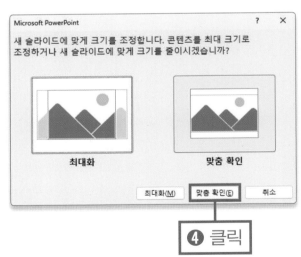

🪝 **조금 더 배우기**

제목 슬라이드를 제외한 [2번] 슬라이드부터 슬라이드 번호가 1번으로 되길 원한다면 '슬라이드 크기' 대화상자에서 '슬라이드 시작 번호'를 '0'으로 입력하면 됩니다.

텍스트 입력

01 첫 번째 제목 슬라이드에서 [제목을 추가하려면 클릭하십시오]를 클릭하여 'Cold Project'를 입력합니다.

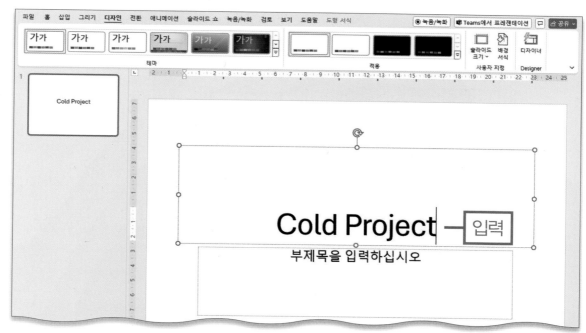

🖊 **조금 더 배우기**

텍스트 상자에 입력을 끝내려면 텍스트 상자가 아닌 슬라이드의 빈 영역을 클릭하면 됩니다.

02 [부제목을 입력하십시오]를 클릭하여 '감기 예방을 위한 사람들의 모임'을 입력합니다.

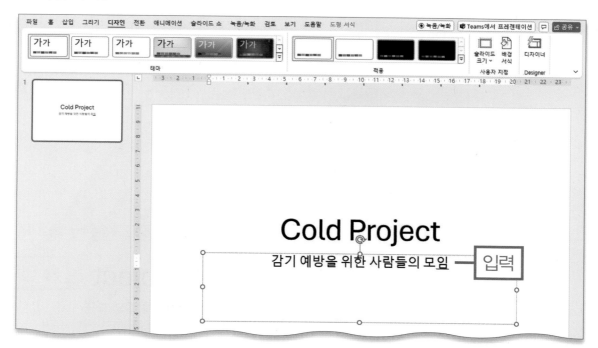

03 제목 위에 또 다른 텍스트를 입력하기 위해 [홈] 탭-[그리기] 그룹에서 [도형]을 클릭합니다. 목록에서 '기본 도형'에 있는 [텍스트 상자]를 선택합니다.

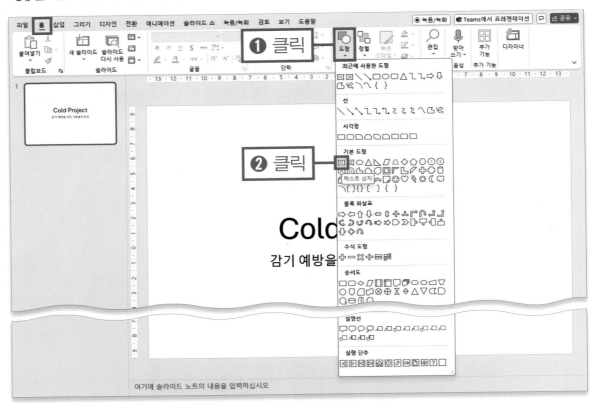

🔖 **조금 더 배우기**

- 추가 텍스트를 입력하고자 할 때는 반드시 [텍스트 상자]를 추가해야 합니다.
- [삽입] 탭-[텍스트] 그룹에 [텍스트 상자]를 선택하여 텍스트를 입력해도 됩니다.

04 제목 'Cold Project' 오른쪽 위를 클릭한 후 '감기 없는 세상을 위한 예방 캠페인'을 입력합니다.

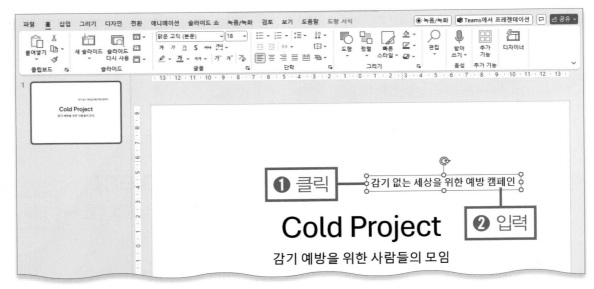

조금 더 배우기

작성하고 있는 파일을 먼저 저장하기 위해서 [파일] 탭-[저장]을 클릭합니다. [찾아보기]에서 '저장 위치'는 [문서], '파일 이름'은 '감기 예방 프로젝트'로 입력하고 [저장] 버튼을 클릭합니다.

조금 더 배우기

텍스트 상자 다루기

• '기본 도형'에서 [텍스트 상자]를 선택한 후 마우스로 클릭하여 텍스트를 입력할 경우, 텍스트 상자 크기가 입력되는 텍스트 길이에 맞추어 조절됩니다.

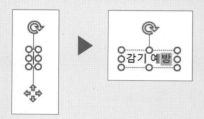

• '기본 도형'에서 [텍스트 상자]를 선택한 후 마우스로 드래그하여 텍스트를 입력할 경우, 텍스트 상자 크기가 텍스트 길이와는 상관없이 마우스로 드래그한 크기 그대로 존재합니다.

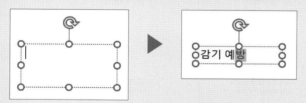

• 삽입된 텍스트 상자를 선택하려면
텍스트 상자의 외곽 테두리 선이 점선일 때 점선을 클릭하거나 또는 Esc 를 누르면 실선으로 변경됩니다. 이 상태는 텍스트 상자를 이동할 수 있고 텍스트 상자 내 글자를 드래그하여 영역을 설정하지 않더라도 서식을 지정할 수 있습니다.

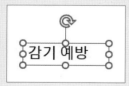

폰트 다운로드 및 적용

POINT

프레젠테이션 자료의 기본은 텍스트입니다. 이번 장에서는 텍스트 모양을 꾸며주는 폰트를 다운로드하는 방법과 설치, 텍스트에 폰트를 적용하는 방법에 대해 알아보도록 하겠습니다.

▌완성 화면 미리 보기

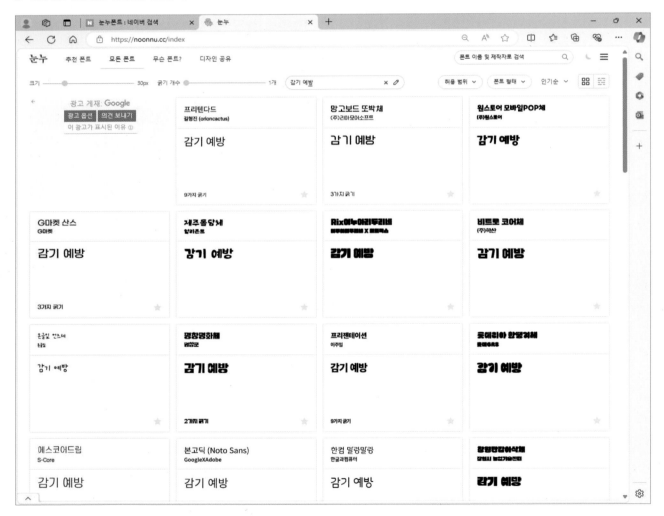

▌여기서 배워요!

폰트 다운로드 및 설치, 텍스트 폰트 적용

STEP 01 무료 폰트 다운로드받기

01 네이버(www.naver.com)에 접속합니다. 검색 란에 '눈누폰트'를 입력하고 Enter 를 누릅니다. 검색된 웹사이트 목록 중 [눈누]를 클릭합니다.

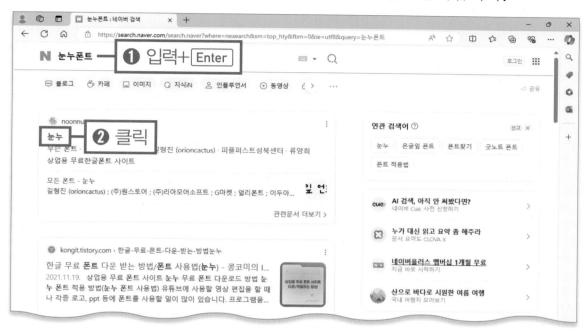

02 사이트 상단의 [모든 폰트]를 클릭합니다. [문구 적고 폰트 미리보기] 란을 클릭하여 '감기 예방'을 입력합니다. 폰트별로 입력된 '감기 예방' 미리 보기 화면을 보면서 적합한 폰트를 찾습니다.

03 폰트 명을 알고 있다면 검색해서 폰트를 찾을 수 있습니다. '폰트 이름 및 제작자로 검색' 란에 '국민연금체'를 입력하고 Enter↵ 를 누릅니다. '국민연금체'가 검색되어 나옵니다. [국민연금체]를 클릭하여 다운로드 화면으로 이동합니다.

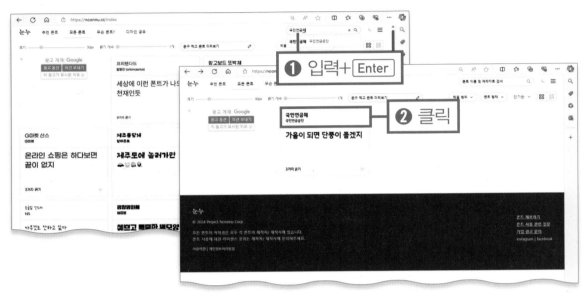

🖋 **조금 더 배우기**

'국민연금체'는 '국민연금공단'에서 제공해 주는 폰트입니다.

04 '라이선스 본문' 사항을 꼼꼼히 읽어보고 우측 상단 [다운로드 페이지로 이동] 버튼을 클릭합니다.

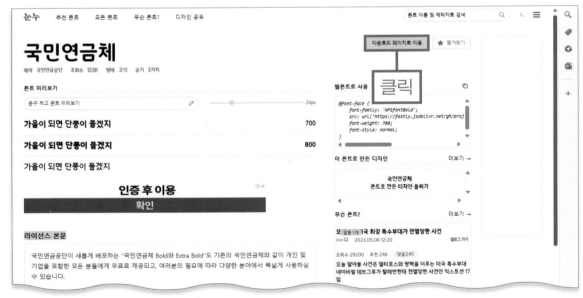

🖋 **조금 더 배우기**

'눈누 폰트' 사이트는 상업용으로 사용할 수 있는 폰트들을 연결해 놓은 사이트입니다. 각 폰트의 설치 방법은 제공 사이트마다 다르므로 잘 살펴보고 설치해야 합니다.

05 블로그 하단으로 내려와서 [국민연금체 다운로드 TTF]를 클릭합니다.

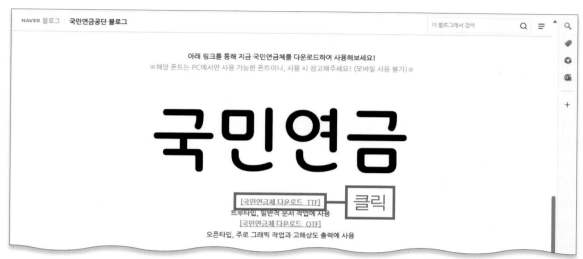

STEP 02 폰트 설치하기

01 브라우저 상단에 다운로드된 [NPSfont_regular.ttf 파일 열기]를 클릭합니다. '국민연금체Regular(트루타입)' 대화상자에서 [설치] 버튼을 클릭하여 폰트를 설치합니다.

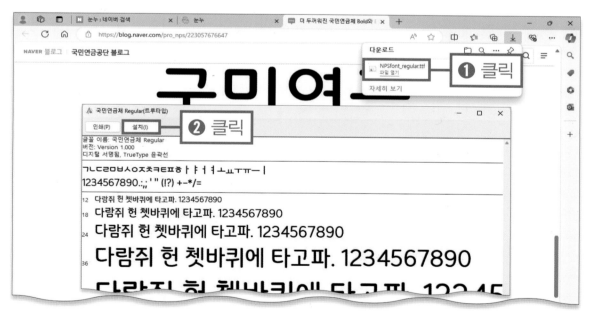

🔖 **조금 더 배우기**

폰트에 따라 압축파일(.zip)로 다운로드되는 경우도 있습니다. 이럴 때 압축을 푼 후 설치해야 합니다.

폰트 적용하기

01 [예제 파일]–[5강] 폴더에서 [5강.pptx] 파일을 불러옵니다. 제목 상자를 선택하기 위해 [Cold Project]를 클릭한 후 외곽선을 클릭합니다. 점선으로 되어 있던 외곽선이 실선으로 변경된 것을 확인할 수 있습니다.

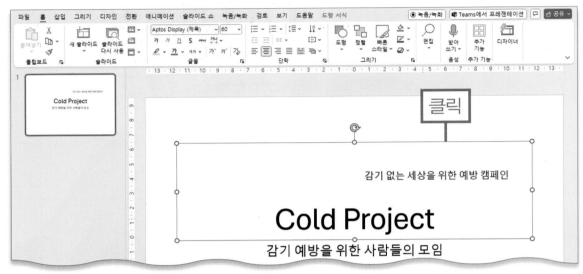

🎣 **조금 더 배우기**

제목을 클릭한 후 Esc 를 눌러도 제목 틀을 선택할 수 있습니다.

02 제목에 다운로드받은 폰트를 적용하기 위해 [홈] 탭–[글꼴] 그룹에서 [글꼴]을 클릭합니다. [국민연금체 Regular]를 선택하여 적용합니다.

🎣 **조금 더 배우기**

다운로드받아 설치한 폰트는 현재 열려진 파워포인트 프로그램에는 바로 적용할 수 없으므로 모든 파워포인트 파일을 닫고 다시 열어서 폰트를 적용해야 합니다.

혼자서도 만들 수 있어요!

1 눈누(noonnu.cc) 사이트에 접속하여 '넥슨 메이플스토리' 폰트를 다운로드받아 설치해 보세요.

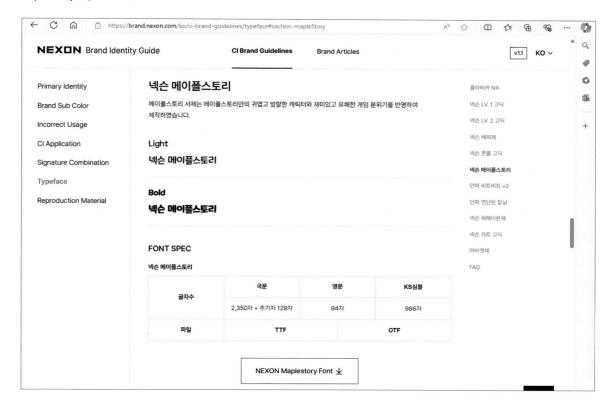

2 다운로드받은 '메이플스토리' 폰트를 제목에 적용해 보세요.

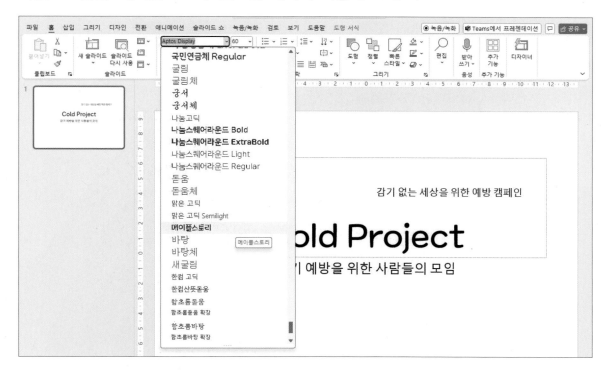

06 텍스트 서식과 제목 슬라이드

이번 장에서는 텍스트 서식을 변경해 주는 글꼴 서식과 WordArt 서식에 대해서 배워보도록 하겠습니다.

▌완성 화면 미리 보기

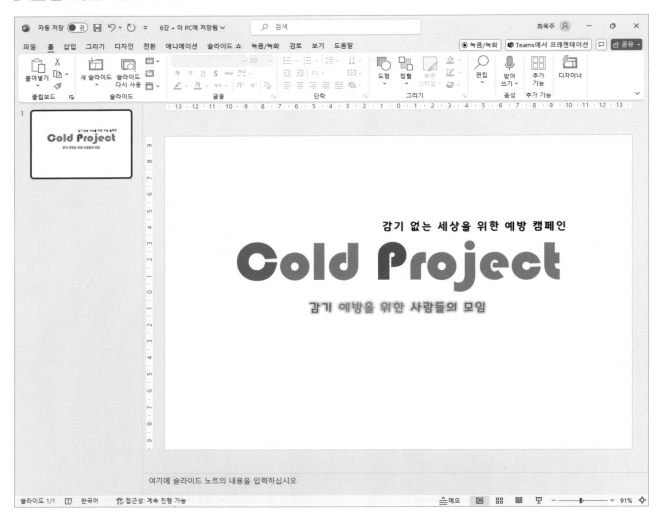

▌여기서 배워요!

글꼴 서식, WordArt 서식

텍스트 상자 크기 조절

01 [예제 파일]–[6강] 폴더에서 [6강.pptx] 파일을 불러옵니다. [Cold Project] 제목의 상자 외곽선을 클릭한 후 텍스트 상자 상단 가운데 조절점을 아래로 드래그하여 제목 상자 높이를 줄입니다.

STEP 02 **텍스트 서식 지정**

01 제목에 글꼴을 적용하기 위해 제목을 클릭한 후 외곽선을 클릭하여 제목 상자를 선택합니다. [홈] 탭–[글꼴] 그룹에서 '글꼴'의 [목록] 단추를 클릭합니다. [Bauhaus 93]을 선택하여 적용합니다. '글꼴 크기'는 [96]으로 변경합니다.

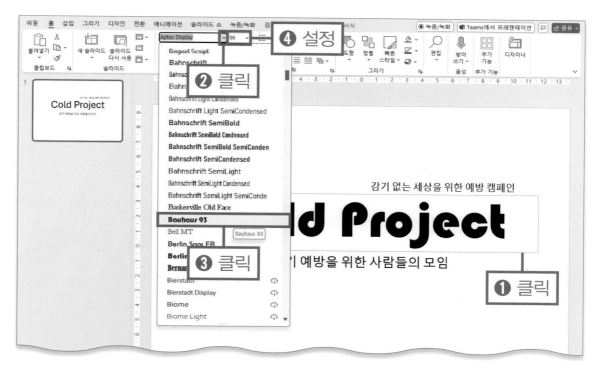

02 제목 색상을 변경하기 위해 [글꼴] 그룹에서 '글꼴 색'의 [목록] 단추를 클릭합니다. '테마 색'에서 [흰색, 배경 1, 50% 더 어둡게]를 선택합니다.

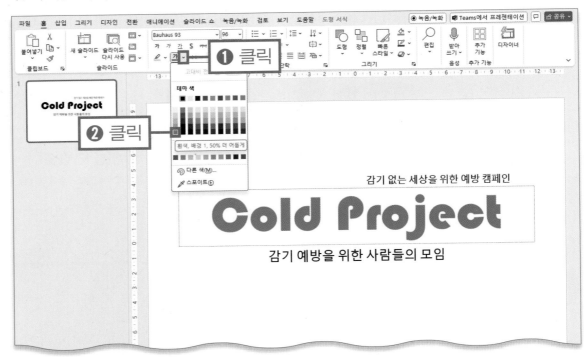

03 제목 내 특정 글자를 색상으로 강조하기 위해 [C]만 드래그하여 선택합니다. [글꼴 색]의 '표준 색'에서 [파랑]을 클릭합니다. 같은 방법으로 [P]도 [진한 빨강]을 지정합니다.

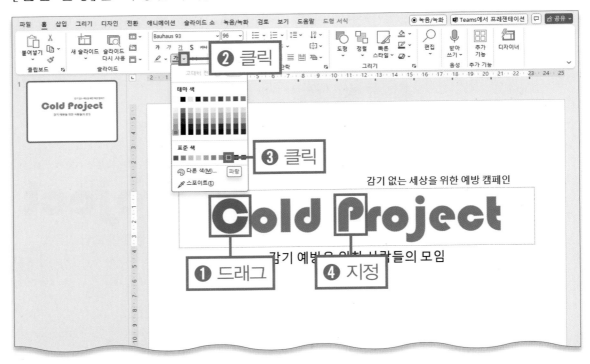

다운로드받은 폰트로 부제목 서식 지정

01 [감기 없는 세상을 위한 예방 캠페인]을 클릭한 후 외곽선을 클릭합니다. [글꼴] 그룹에서 '글꼴'은 [국민연금체 Regular], '글꼴 크기'는 [18], [텍스트 그림자], [문자 간격](![가나])은 [넓게]로 지정합니다.

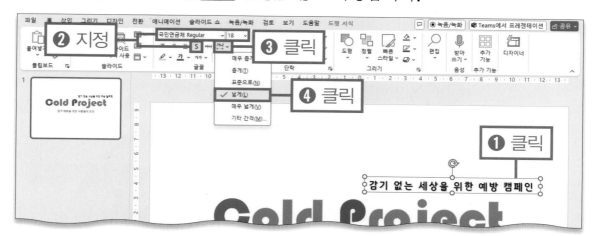

✏️ **조금 더 배우기**

[글꼴] 그룹에는 그 외에도 [굵게], [기울임꼴], [밑줄], [취소선], [텍스트 강조 색], [대/소문자 바꾸기], [글꼴 크기 크게], [글꼴 크기 작게], [모든 서식 지우기] 등이 있습니다.

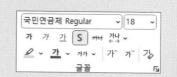

WordArt 서식 적용

01 제목을 강조하기 위해서 WordArt 서식을 적용해 보겠습니다. [1번] 슬라이드 위에 마우스 오른쪽 버튼을 클릭한 후 [슬라이드 복제]를 선택합니다.

02 [2번] 슬라이드 제목 [Cold Project]를 클릭한 후 외곽선을 클릭합니다. [도형 서식] 탭−[WordArt스타일] 그룹에서 [빠른 스타일]의 [자세히](▾) 버튼을 클릭합니다.

03 펼쳐진 목록 중에서 [채우기: 진한 청록, 강조색 1, 그림자]를 클릭합니다.

🎣 **조금 더 배우기**

적용한 WordArt 스타일을 해제하려면 [빠른 스타일]을 클릭하여 [WordArt 서식 지우기]를 선택합니다.

04 제목에 그림자 효과를 지정하기 위하여 [도형 서식] 탭-[WordArt 스타일] 그룹에서 [텍스트 효과]를 클릭합니다. [그림자]를 클릭한 후 '바깥쪽' 그룹에 있는 [오프셋:오른쪽 아래]를 선택합니다.

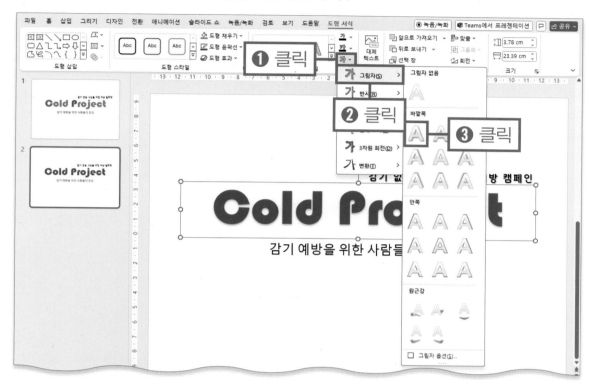

05 제목 중 일부를 강조하기 위해 [Cold]를 드래그합니다. [WordArt 스타일] 그룹에서 [텍스트 효과]를 클릭합니다. [네온]을 클릭한 후 [네온: 11pt, 주황, 강조색 2]를 선택합니다.

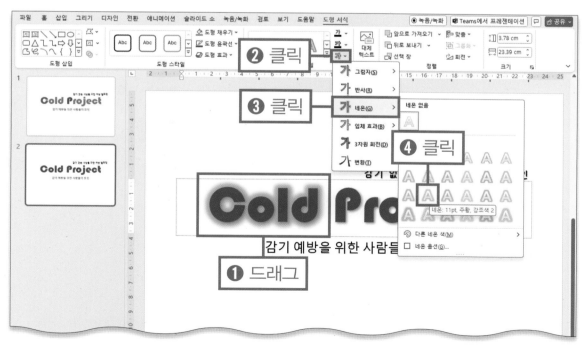

혼자서도 만들 수 있어요!

1 [1번] 슬라이드의 부제목 '감기 예방을 위한 사람들의 모임'에 아래 그림과 같이 서식을 지정해 보세요.

hint '부제목'을 선택한 후 외곽선을 클릭 → [글꼴] 그룹에서 [글꼴]은 '국민연금체 Regular', [글자 크기] '20', [문자 간격] '넓게', [글자 색]은 그림과 같이 지정

2 '감기 예방을 위한 사람들의 모임' 부제목을 [WordArt 스타일]에서 아래와 같이 [네온] 스타일을 지정해 보세요.

hint [도형 서식] 탭–[WordArt 스타일] 그룹–[텍스트 효과]에서 [네온]을 선택 → [네온: 11pt, 주황, 강조색2] 지정

07 | 단락 서식과 목차 슬라이드

이번 장에서는 단락 서식을 이용하여 목차와 목록형 슬라이드를 작성하는 방법에 대해서 익혀 보도록 하겠습니다.

▌완성 화면 미리 보기

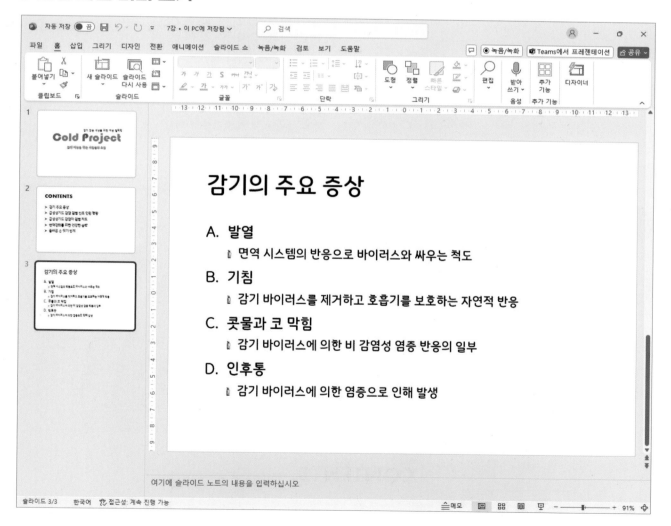

▌여기서 배워요!

줄 간격, 글머리 기호 및 번호 매기기, 단락 수준 조절

슬라이드 추가 및 텍스트 입력

01 [예제 파일]-[7강] 폴더에서 [7강.pptx] 파일을 불러옵니다. 내용을 입력할 슬라이드를 추가하기 위해 [홈] 탭-[슬라이드] 그룹에서 [새 슬라이드]를 클릭한 후 [제목 및 내용]을 선택합니다. 추가된 슬라이드에 아래 그림과 같이 텍스트를 입력합니다.

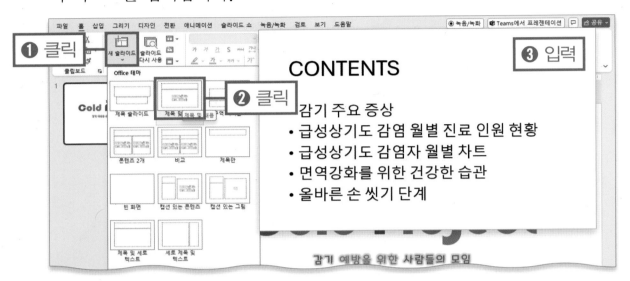

줄 간격 지정하기

01 2번 슬라이드 제목과 본문에 아래 서식을 적용합니다.

- 제목 '글꼴: Aharoni'
- 본문 '글꼴: 국민연금체 Regular', '글꼴 크기: 26pt'

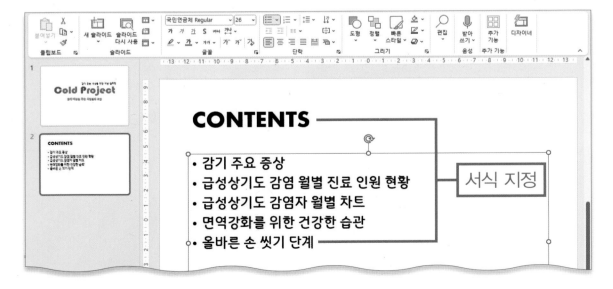

02 본문 줄 간격을 조절하기 위해 본문 텍스트를 선택한 후 외곽선을 클릭합니다. [홈] 탭-[단락] 그룹에서 [줄 간격](📏▾)을 클릭한 후 [줄 간격 옵션]을 선택합니다. '단락' 대화상자가 나타나면 [들여쓰기 및 간격] 탭에서 '줄 간격'을 [배수]로 선택하고 '1.3'을 입력한 후 [확인] 버튼을 클릭합니다.

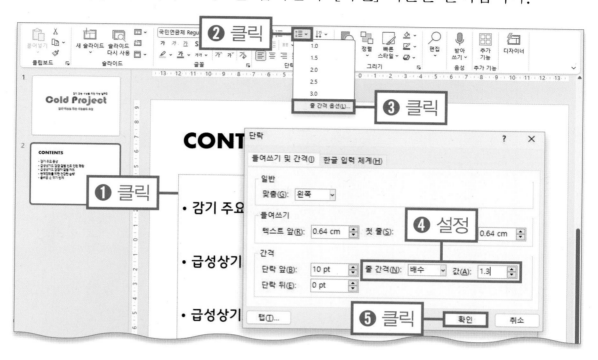

STEP 03 글머리 기호와 간격 지정하기

01 본문 텍스트에 글머리 기호를 지정하기 위해 본문 텍스트 상자의 외곽선을 클릭합니다. [홈] 탭-[단락] 그룹에서 [글머리 기호](☰▾)를 클릭한 후 [화살표 글머리 기호]를 선택합니다.

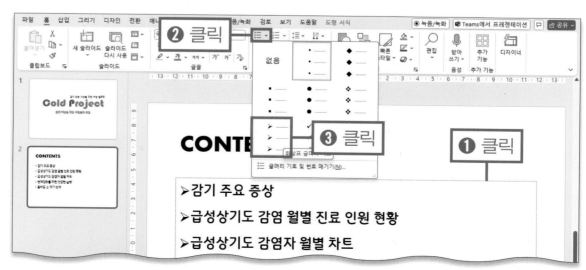

02 '화살표 글머리 기호'와 텍스트 사이의 여백을 조정하기 위해 본문 텍스트 모두를 드래그하여 선택합니다. 눈금자의 [텍스트 위치]() 버튼을 오른쪽 으로 원하는 위치까지 드래그하여 간격을 조절합니다.

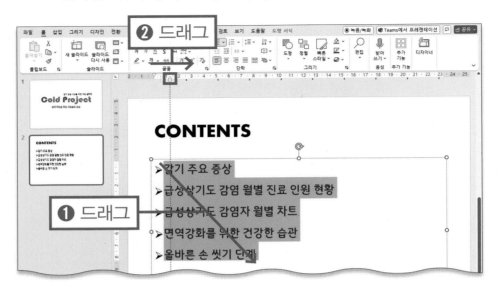

📎 **조금 더 배우기**

눈금자가 화면에 없다면 [보기] 탭–[표시] 그룹에서 [눈금자]를 클릭하면 됩니다.

STEP 04 **단락 수준 조절하기**

01 [슬라이드] 그룹에서 [새 슬라이드]를 클릭한 후 [제목 및 내용]을 클릭하여 3번째 슬라이드를 삽입합니다. 본문을 입력하고 서식을 지정합니다.

- 제목 '글꼴: 국민연금체 Regular', '글꼴 크기: 38pt'
- 본문 '글꼴: 국민연금체 Regular', '글꼴 크기: 24p', '줄 간격: 배수 1.2'

> ## 감기의 주요 증상
>
> - 발열
> - 면역 시스템의 반응으로 바이러스와 싸우는 척도
> - 기침
> - 감기 바이러스를 제거하고 호흡기를 보호하는 자연적 반응
> - 콧물과 코 막힘
> - 감기 바이러스에 의한 비 감염성 염증 반응의 일부
> - 인후통
> - 감기 바이러스에 의한 염증으로 인해 발생

02 본문 텍스트에 번호 매기기를 하기 위해 본문 텍스트 상자의 외곽선을 클릭한 후 [단락] 그룹에서 [번호 매기기](≡ ▾)를 클릭하여 [A, B, C]를 선택합니다.

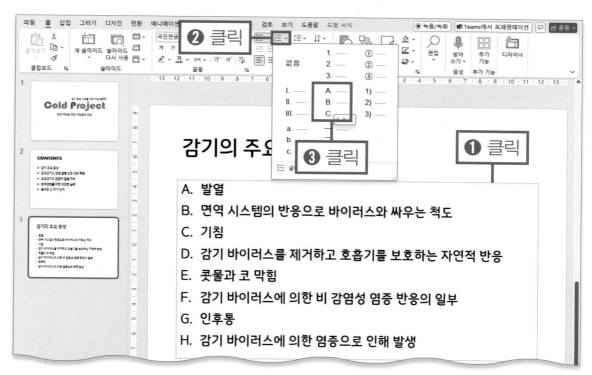

03 단락별 수준 조절을 위해 [B. 면역 시스템의 반응으로 바이러스와 싸우는 척도]를 드래그하여 선택합니다. [단락] 그룹에서 [목록 수준 늘림](≡)을 클릭하여 단락의 수준을 내립니다.

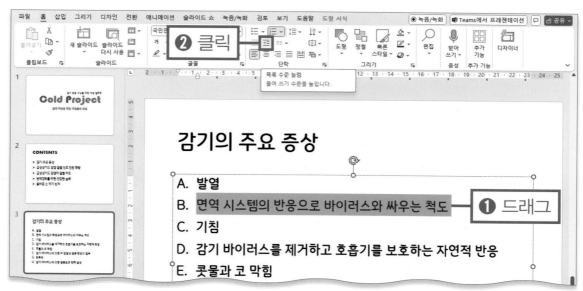

조금 더 배우기

단락 목록 수준을 줄이고자 한다면 [맞춤] 그룹-[목록 수준 줄임] 또는 [Shift]를 누른 상태에서 [Tab]을 눌러도 됩니다.

04 나머지 단락도 그림과 같이 수준을 조절합니다.

> ### 감기의 주요 증상
>
> A. **발열**
>   A. 면역 시스템의 반응으로 바이러스와 싸우는 척도
> B. **기침**
>   A. 감기 바이러스를 제거하고 호흡기를 보호하는 자연적 반응
> C. **콧물과 코 막힘**
>   A. 감기 바이러스에 의한 비 감염성 염증 반응의 일부
> D. **인후통**
>   A. 감기 바이러스에 의한 염증으로 인해 발생

STEP 05 그림으로 글머리 기호 지정하기

01 한 수준이 내려진 단락 모두를 선택하기 위해 [면역 시스템의 반응으로 바이러스와 싸우는 척도] 텍스트를 드래그하여 선택합니다. 나머지 단락은 Ctrl을 누른 상태에서 드래그하여 그림과 같이 모두 선택합니다. [글머리 기호]를 클릭하여 [글머리 기호 및 번호 매기기]를 클릭합니다.

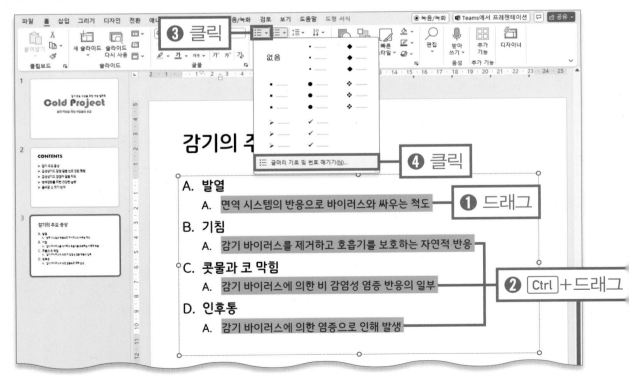

02 그림을 글머리 기호로 지정하기 위해 '글머리 기호 및 번호 매기기' 대화상
자에서 [그림]을 클릭합니다.

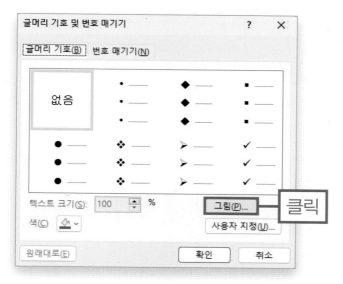

03 '그림 삽입' 대화상자에서 [파일에서]를 클릭합니다. [예제 파일]-[img] 폴
더에 있는 [약병(투명).png]를 선택하고 [삽입] 버튼을 클릭합니다.

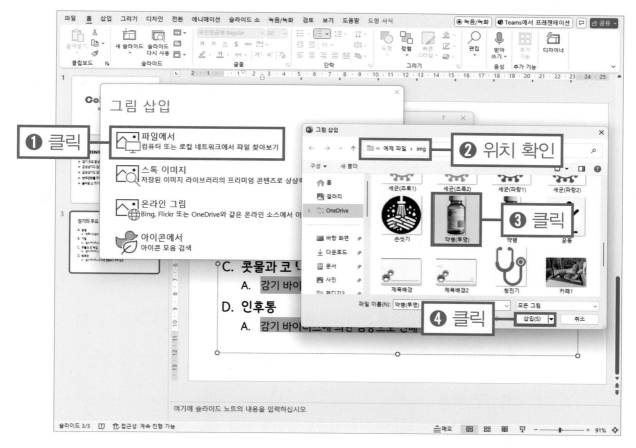

04 '글머리 기호 그림'의 크기를 좀 더 크게 하기 위해 [글머리 기호](⬛▾)−[글머리 기호 및 번호 매기기]를 차례대로 클릭합니다. '글머리 기호 및 번호 매기기' 대화상자에서 '글머리 기호'에 있는 '텍스트 크기'를 [120]으로 지정하고 [확인] 버튼을 클릭합니다.

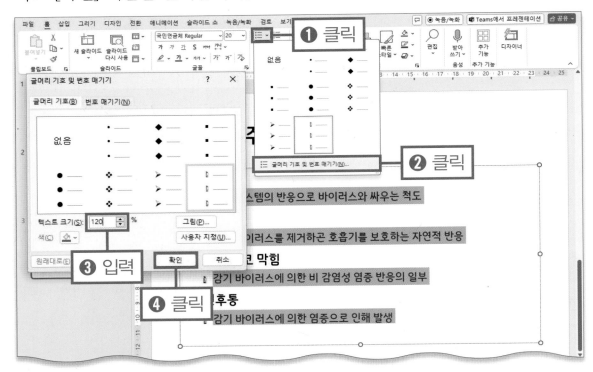

05 120%로 크기가 조정된 글머리 기호 그림을 확인할 수 있습니다.

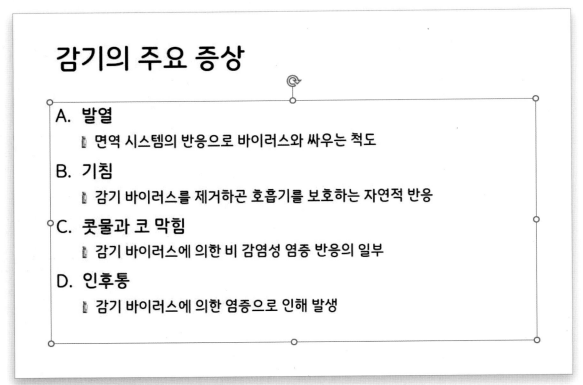

08 | 슬라이드 테마와 배경 스타일 지정

POINT

파워포인트에서 테마는 글꼴, 색상, 배경 디자인 등을 미리 설정해 놓은 디자인 요소입니다. 이를 활용한다면 전체 슬라이드의 스타일과 분위기를 통일할 수 있어 매우 유용합니다. 이 번 장에서는 테마를 활용해 디자인을 설정하는 방법과 그림을 배경으로 지정하는 방법에 대해서 배워보도록 하겠습니다.

▌완성 화면 미리 보기

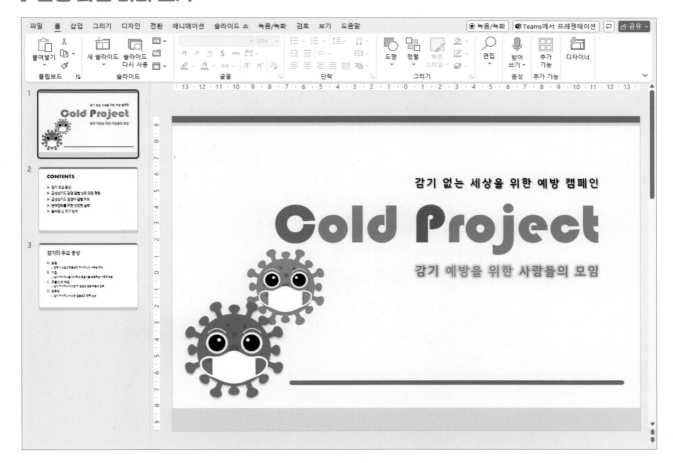

▌여기서 배워요!

테마 지정과 삭제, 배경 그림, 텍스트 정렬

테마 지정과 삭제

01 [예제 파일]–[8강] 폴더에서 [8강.pptx] 파일을 불러옵니다. 테마를 적용하기 위해 [디자인] 탭–[테마] 그룹에서 [자세히](▽) 버튼을 클릭합니다.

02 목록 중 [추억] 테마를 클릭하여 모든 슬라이드에 적용해 봅니다.

⚓ **조금 더 배우기**

[추억] 테마를 마우스 오른쪽 버튼으로 클릭하면 모든 슬라이드가 아닌 '선택된 슬라이드에'만 적용할 수 있습니다.

03 모든 슬라이드에 '추억' 테마가 적용된 것을 확인할 수 있습니다.

04 지정된 '추억' 테마를 제거하려면 [테마] 그룹에서 다시 [자세히](▽) 버튼을 클릭합니다. [Office 테마] 또는 [Office 2013–2022 테마]를 클릭하면 기본 테마로 되돌릴 수 있습니다.

01 배경을 그림으로 지정하기 위해 [1번] 제목 슬라이드를 선택합니다. [디자인] 탭-[사용자 지정] 그룹에서 [배경 서식]을 클릭합니다. '배경 서식' 작업창에서 [그림 또는 질감 채우기]를 클릭합니다. 그림을 지정하기 위해 [삽입] 버튼을 클릭합니다.

> **조금 더 배우기**
>
> 해당 슬라이드 위에서 마우스 오른쪽 버튼을 클릭하여 [배경 서식] 메뉴를 사용해도 됩니다.

02 '그림 삽입' 대화상자에서 [파일에서]를 클릭합니다. [예제 파일]-[img] 폴더에 있는 [제목배경.jpg]를 선택하고 [삽입] 버튼을 클릭합니다.

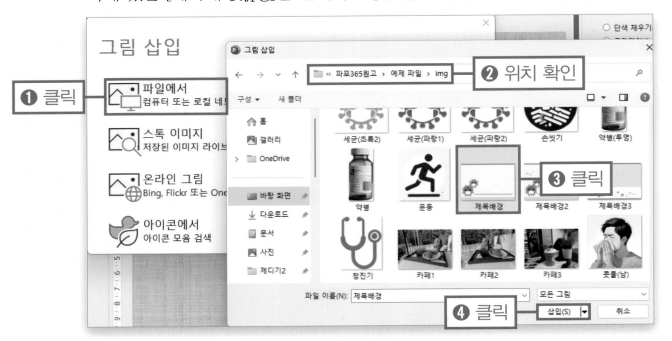

03 제목 슬라이드 배경이 지정된 그림으로 변경된 것을 확인할 수 있습니다.

04 [2번], [3번] 슬라이드 배경도 위와 동일한 방법으로 '본문배경1.jpg' 그림 파일로 변경합니다.

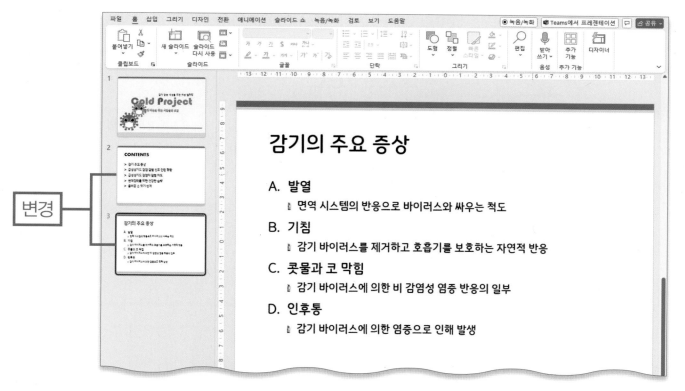

텍스트 정렬

01 [1번] 슬라이드를 선택합니다. 제목 텍스트를 오른쪽으로 정렬시키기 위해 [Cold Project]를 클릭한 후 외곽선을 클릭합니다. [홈] 탭-[단락] 그룹에서 [오른쪽 맞춤](☰)을 클릭합니다. 나머지 부제목 2개도 같은 방법으로 [오른쪽 맞춤]을 합니다.

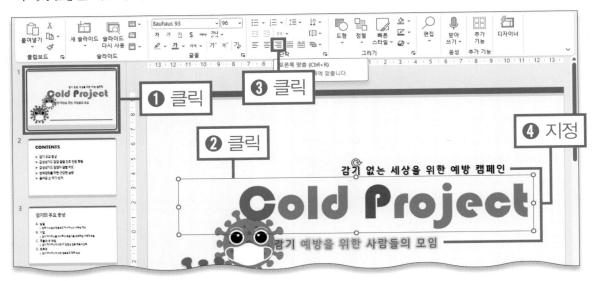

02 배경 그림과 텍스트가 겹치지 않도록 하기 위해 제목 테두리에 마우스 포인터를 맞춘 후 위로 드래그하여 이동시킵니다. 나머지 부제목들도 아래 그림처럼 위치를 이동시킵니다.

🦫 **조금 더 배우기**

텍스트 상자 외곽 테두리 선을 선택한 후 키보드 방향키(↑ ← ↓ →)를 눌러 텍스트 상자를 이동시켜도 됩니다.

슬라이드 디자인 자동 추천

파워포인트 365 '디자이너'는 슬라이드 디자인을 자동으로 추천해 주는 기능입니다. 테마 기능을 이용해 슬라이드 '디자이너' 기능을 활용해 보겠습니다.

❶ [예제 파일]–[8강] 폴더에서 [8강(더 배우기).pptx] 파일을 불러옵니다. [추억] 테마를 클릭하여 적용합니다. 테마가 적용되면서 오른쪽 '디자이너' 작업 창이 나타나는 것을 볼 수 있습니다.

❷ [2]번 슬라이드를 선택한 후 '디자이너' 작업 창에서 원하는 슬라이드 디자인을 선택하여 적용합니다.

혼자서도 만들 수 있어요!

1 [8강(혼자서).pptx] 파일을 불러온 후 [1번] 제목 슬라이드 배경을 '제목배경3.jpg'로 변경해 보세요.

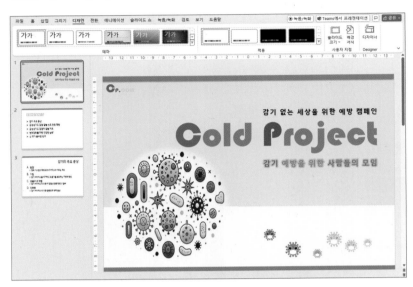

hint [디자인] 탭–[사용자 지정] 그룹에서 [배경 서식]을 클릭 → '배경 서식' 작업 창이 나타나면 [그림 또는 질감 채우기]를 선택한 후 [삽입] 단추를 클릭 → [예제 파일]–[img] 폴더에 있는 [제목배경3.jpg]를 클릭

2 [2]번 슬라이드를 아래의 그림처럼 만들기 위해 제목 'CONTENTS'를 [오른쪽 맞춤] 하고 본문 텍스트 [글머리 기호]는 '청진기.png' 그림으로 변경해 보세요.

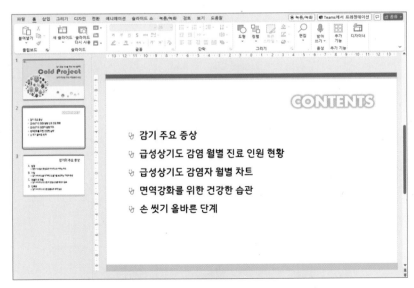

hint 제목 텍스트를 선택한 후 [홈] 탭–[단락] 그룹에서 [오른쪽 맞춤]을 선택→ 본문 텍스트 외곽선을 선택한 후 [단락] 그룹에서 [글머리 기호]를 클릭 → '글머리 기호 및 번호 매기기'에서 [그림]을 클릭한 후 [예제파일]–[img] 폴더에 있는 [청진기.png]를 선택

09

도형 개체 다루기

파워포인트에서는 도형을 활용해 모든 개체를 만들 수 있어 도형은 디자인의 주요 수단으로 사용됩니다. 이번 장에서는 도형을 다루는 기본 방법에 대해 알아보겠습니다.

▌완성 화면 미리 보기

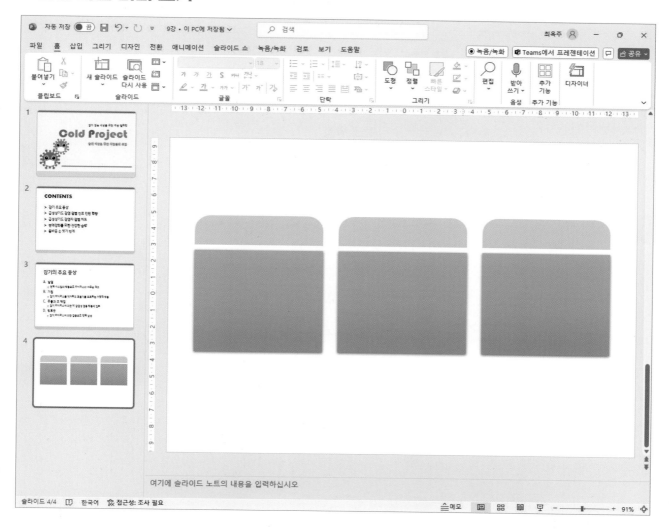

▌여기서 배워요!

도형 삽입, 도형 복사, 도형 변경, 도형 서식 지정, 도형 그룹 만들기

도형 삽입과 복사

01 [예제 파일]–[9강] 폴더에서 [9강.pptx] 파일을 불러옵니다. [3번] 슬라이드를 선택한 후 [홈] 탭–[슬라이드] 그룹에서 [새 슬라이드]를 클릭하여 [빈 화면] 슬라이드를 삽입합니다.

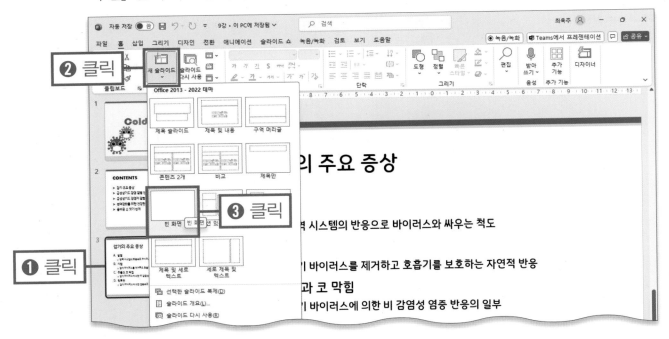

02 [홈] 탭의 [그리기] 그룹에서 [도형]을 클릭합니다. '사각형' 그룹에 있는 [사각형: 둥근 위쪽 모서리]를 선택합니다.

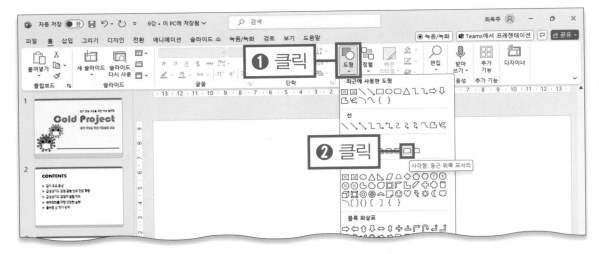

📎 **조금 더 배우기**

도형은 [삽입] 탭–[일러스트레이션] 그룹의 [도형]에서 삽입하여도 됩니다.

03 슬라이드에 [사각형: 둥근 위쪽 모서리] 도형을 그림처럼 드래그하여 삽입합니다. 도형 오른쪽 상단의 모양 조절점을 왼쪽으로 드래그하여 도형의 곡률을 조절합니다.

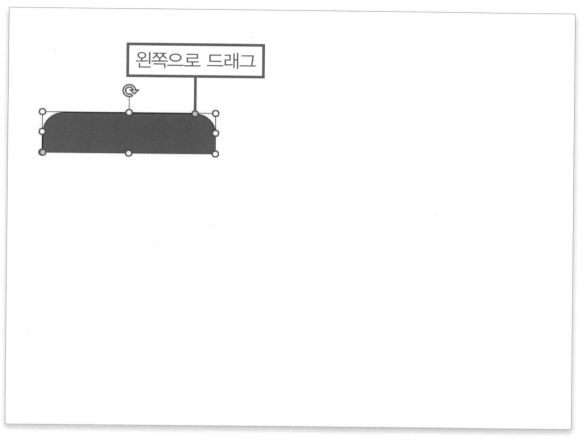

조금 더 배우기

도형의 조절점은 다음과 같이 다양하며 목적에 따라 각 조절점에서 드래그하여 사용합니다.

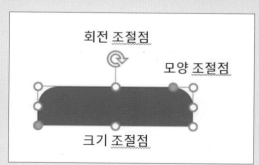

회전 조절점 : 도형을 회전시킬 때 사용
모양 조절점 : 도형 모양을 조절할 때 사용
　　　　　　　　도형 종류에 따라 조절점의 개수는 상이
크기 조절점 : 도형 크기를 조절할 때 사용

04 도형을 열 맞추어 복사하기 위해서 [사각형: 둥근 위쪽 모서리] 도형을 Ctrl +Shift 를 누른 상태에서 아래쪽으로 드래그합니다.

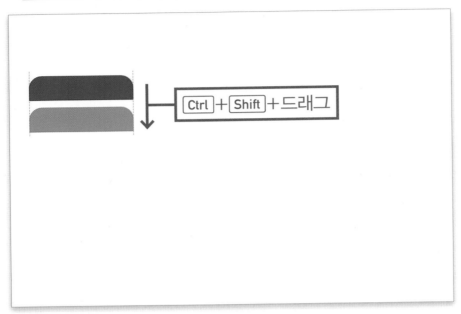

조금 더 배우기

❶ 도형 이동

드래그 : 원하는 위치로 이동

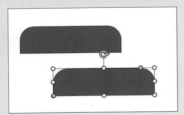

Shift +드래그 : 수직 또는 수평으로 이동

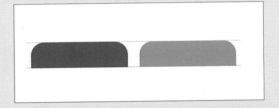

❷ 도형 복사

Ctrl +드래그 : 원하는 곳으로 복사

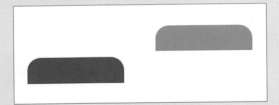

Ctrl + Shift +드래그 : 수직 또는 수평으로 복사

❸ 도형 복제 : Ctrl + D

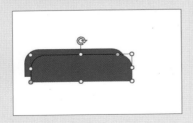

도형 변경과 크기 조절

01 복사한 '사각형: 둥근 위쪽 모서리' 도형을 '직사각형' 도형으로 변경하기 위해 아래쪽 [사각형: 둥근 위쪽 모서리] 도형을 클릭합니다. [도형 서식] 탭-[도형 삽입] 그룹에서 [도형 편집]([도형 편집 아이콘])을 클릭한 후 [도형 모양 변경]에 있는 [직사각형]을 선택합니다.

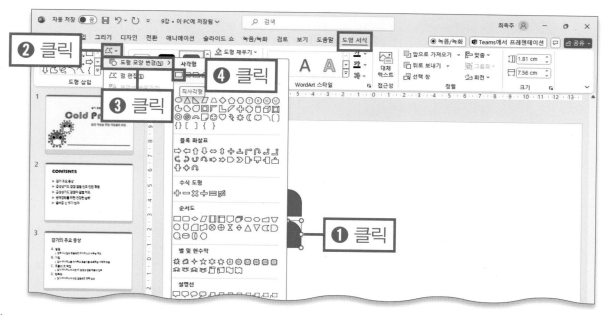

🖊 **조금 더 배우기**

'사각형: 둥근 위쪽 모서리'가 선택되어 있지 않으면 [도형 서식] 탭은 활성화되지 않습니다.

02 '직사각형' 높이를 조절하기 위해 도형의 하단 가운데 조절점을 아래쪽 방향으로 드래그합니다.

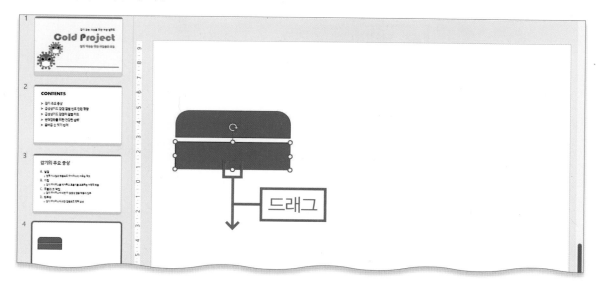

 **조금 더 배우기**

❶ **도형 선택** : 해당 도형을 클릭하면 됩니다.

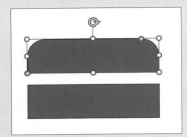

❷ **2개 이상 도형 선택** : 처음 도형을 선택한 후 추가되는 도형을 Shift +클릭하면 됩니다.

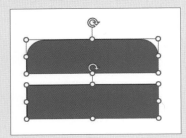

❸ **슬라이드 내 모든 도형 선택** : Ctrl + A 를 누르면 됩니다.

STEP 03 도형 채우기 지정

01 [사각형: 둥근 위쪽 모서리] 도형을 클릭합니다. [도형 서식] 탭-[도형 스타일] 그룹에서 [도형 채우기]를 클릭한 후 [녹색, 강조6, 60% 더 밝게]를 선택합니다.

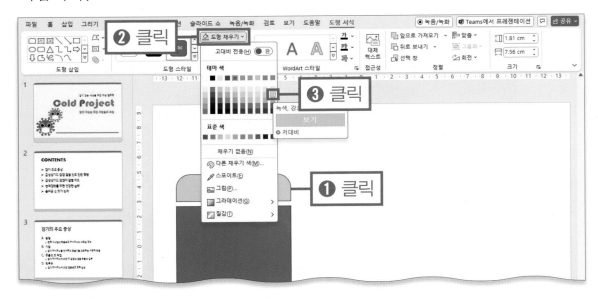

02 [사각형: 둥근 위쪽 모서리] 도형의 윤곽선을 없애기 위해 [도형 윤곽선]을 클릭한 후 [윤곽선 없음]을 선택합니다.

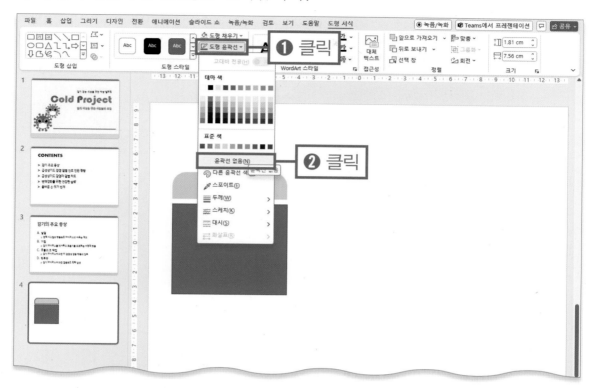

03 '직사각형' 도형에 빠른 스타일을 적용하기 위해 [직사각형]을 선택합니다. [도형 서식] 탭-[도형 스타일] 그룹에서 [빠른 스타일]의 [자세히](▾) 버튼을 클릭합니다. '테마 스타일'에서 [강한 효과 – 회색, 강조 3]을 선택합니다.

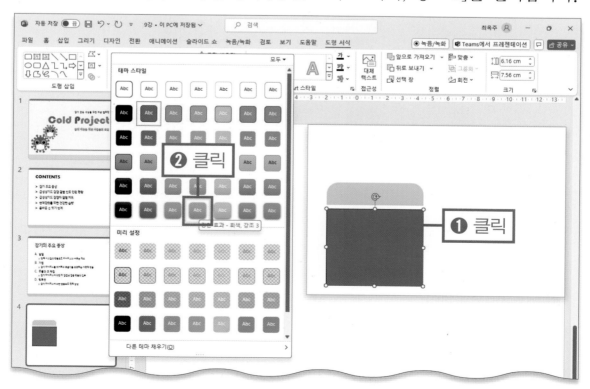

01 작성된 2개 도형을 그룹화하기 위해 먼저 [사각형: 둥근 위쪽 모서리] 도형을 클릭한 후 Shift 를 누른 상태로 [직사각형] 도형을 클릭합니다. [도형 서식] 탭-[정렬] 그룹에서 [그룹화]-[그룹]을 차례대로 클릭합니다.

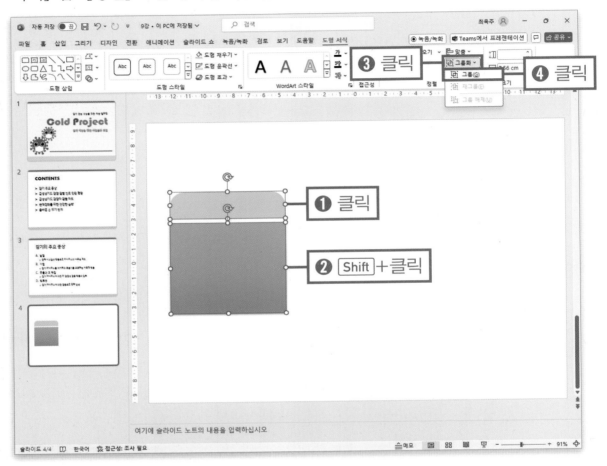

🎙️ **조금 더 배우기**

Ctrl+G 를 사용해 그룹화하여도 됩니다. 그룹 해제는 Ctrl+Shift+G 입니다.

가로 간격을 동일하게 하기

01 그룹화된 도형을 복사하기 위해 [그룹 개체]를 선택한 후 오른쪽으로 Ctrl+Shift+드래그합니다. 그룹된 개체가 3개가 되도록 복사합니다.

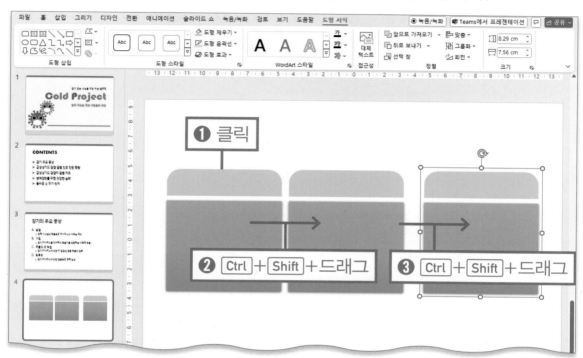

02 오른쪽으로 나열된 그룹 개체들 사이 간격을 동일하게 하기 위해 Ctrl+A를 눌러 전체 선택합니다. [도형 서식] 탭-[정렬] 그룹에서 [맞춤]-[가로 간격을 동일하게]를 차례대로 클릭합니다.

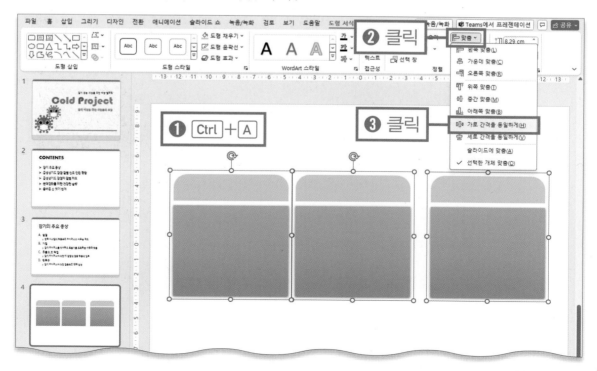

03 그룹 개체들 사이 간격이 동일해진 것을 확인할 수 있습니다.

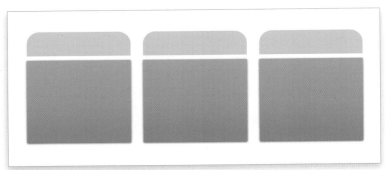

🖋 **조금 더 배우기**

❶ [도형 서식] 탭-[정렬] 그룹-[맞춤]

[위쪽 맞춤]

[가로 간격을 동일하게]

❷ [도형 서식] 탭-[정렬] 그룹

[앞으로 가져오기]

[맨 앞으로 가져오기]

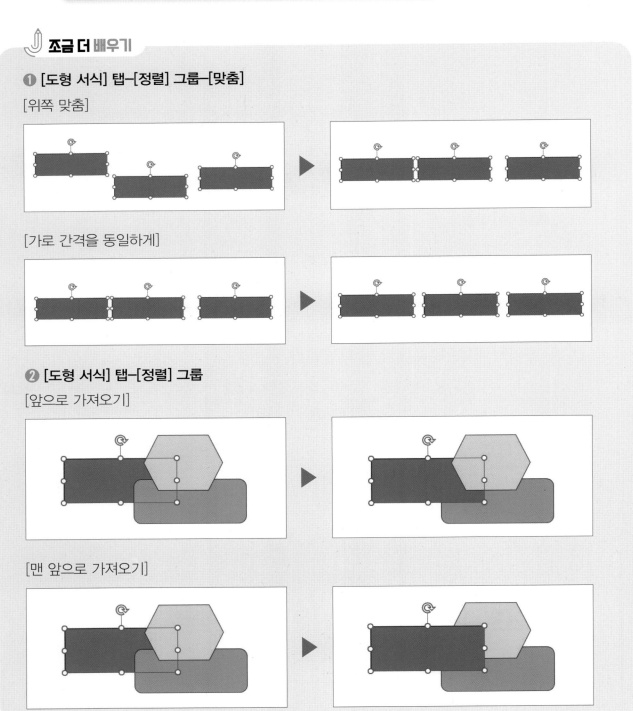

혼자서도 만들 수 있어요!

1 '오각형' 도형을 이용하여 다음 슬라이드를 완성해 보세요.

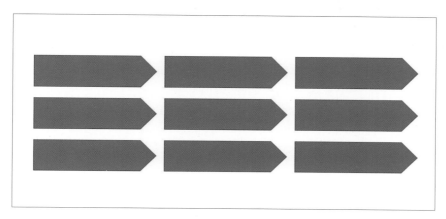

hint
- **도형 삽입** : [홈] 탭–[그리기] 그룹–[도형]에서 '블록 화살표'에 있는 [화살표: 오각형]을 삽입 → Ctrl+Shift+드래그하여 1행에 3개의 '오각형'을 복사
- **간격 동일하게** : 3개의 [오각형]을 선택한 후 [도형 서식] 탭–[정렬]–[맞춤]에서 [가로 간격을 동일하게]를 선택
- **도형 복사** : 3개의 도형을 아래쪽으로 Ctrl+Shift+드래그하여 복사

2 빠른 스타일과 도형 효과를 이용해서 완성해 보세요.

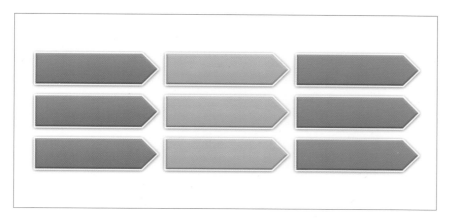

hint
- **색상 적용** : 1열 3개의 [화살표: 오각형]을 모두 선택한 후 [도형 서식] 탭–[도형 스타일] 그룹–[빠른 스타일]에서 [보통 효과–파랑, 강조 5]를 선택 → 2열, 3열도 그림처럼 색상을 적용
- **도형 효과** : 12개 도형 모두 선택한 후 [도형 서식] 탭–[도형 스타일] 그룹–[도형 효과]–[미리 설정]에서 [기본 설정1]을 선택

그림 삽입과 서식 지정

POINT

여러 말보다 한 장의 그림이 더 강력한 전달력을 가진다는 말이 있듯이, 그림은 의사소통에서 중요한 요소입니다. 이번 장에서는 그림의 다양한 스타일과 편집 기능을 익혀 보겠습니다.

▌완성 화면 미리 보기

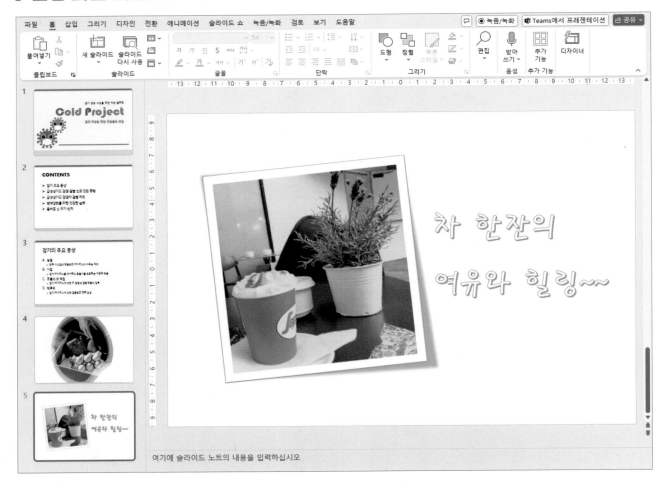

▌여기서 배워요!

그림 삽입, 디자이너 활용, 크기 조절, 자르기, 꾸밈 효과, 스타일 적용

스톡 이미지 삽입과 디자이너 활용

01 [예제 파일]-[10강] 폴더에서 [10강.pptx] 파일을 불러옵니다. [3번] 슬라이드를 선택한 후 [홈] 탭-[슬라이드] 그룹에서 [새 슬라이드]를 클릭하여 [빈 화면] 슬라이드를 삽입합니다.

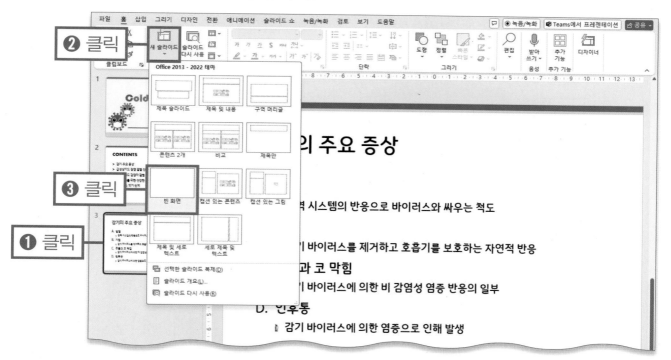

02 스톡 이미지를 삽입하기 위해 [삽입] 탭-[이미지] 그룹에서 [그림]을 클릭한 후 [스톡 이미지]를 선택합니다.

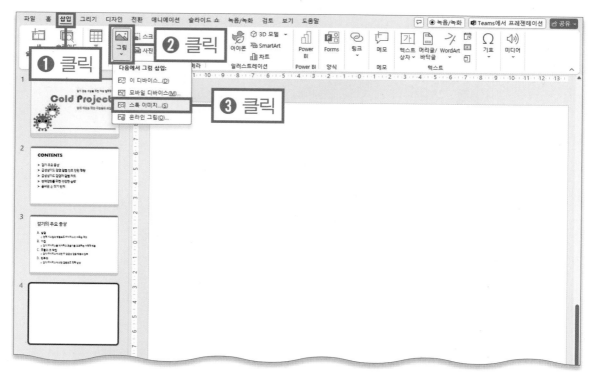

03 '스톡 이미지' 대화상자에서 [이미지] 탭을 클릭한 후 검색어 '건강'을 입력합니다. 원하는 그림을 선택하고 [삽입] 버튼을 클릭합니다.

04 파워포인트 365에는 그림 삽입 시 디자인에 도움을 주는 '디자이너' 작업 창이 활성화됩니다. 여기서 원하는 디자인을 클릭하여 적용합니다.

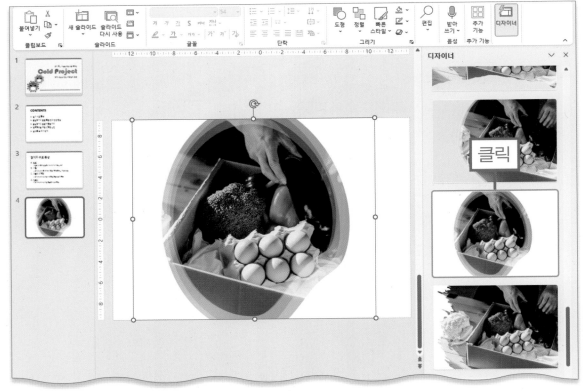

📎 **조금 더 배우기**

'디자이너' 작업 창이 필요 없다면 [닫기] 버튼 또는 [디자인] 탭-[Designer] 그룹에서 [디자이너]를 클릭하면 됩니다.

크기 조정 및 자르기

01 [4번] 슬라이드 다음에 [빈 화면] 슬라이드를 추가합니다. [삽입] 탭–[이미지] 그룹에서 [그림]–[이 디바이스]를 차례대로 선택합니다. '그림 삽입' 대화상자에서 [예제 파일]–[img] 폴더에 있는 [카페3.jpg]를 선택한 후 [삽입] 버튼을 클릭합니다.

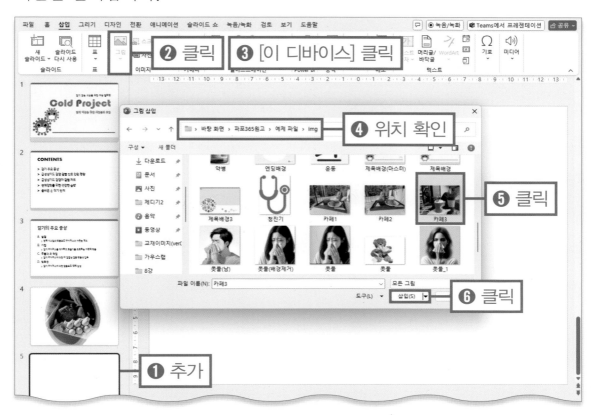

02 그림의 크기를 조절하기 위해 '카페3.jpg'의 오른쪽 상단 크기 조절점을 그림 중심 쪽으로 드래그합니다.

03 그림의 필요 없는 부분을 잘라내기 위해서 [그림 서식] 탭-[크기] 그룹에서 [자르기]를 클릭합니다. [자르기] 조절점을 드래그하여 원하는 부분만 남깁니다. 그림 외 부분을 클릭하여 자르기를 완료합니다.

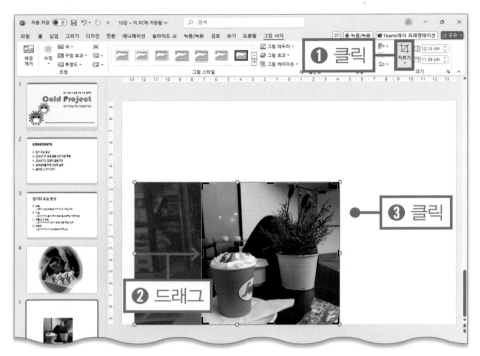

조정과 스타일 지정하기

01 작성된 효과로 그림을 꾸미기 위해 그림을 클릭합니다. [그림 서식] 탭-[조정] 그룹에서 [꾸밈 효과]를 클릭한 후 [밝은 화면]을 선택합니다.

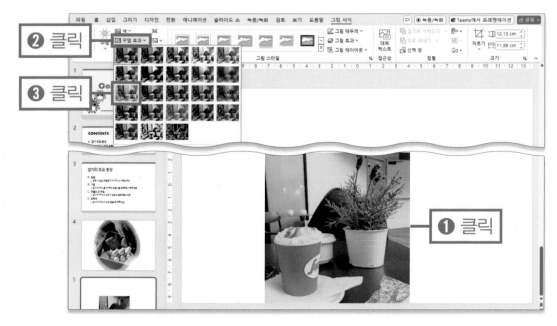

02 '빠른 스타일'로 그림을 꾸미기 위해 [그림 서식] 탭−[그림 스타일] 그룹에서 [빠른 스타일]의 [자세히](⊽) 버튼을 클릭한 후 [회전, 흰색]을 선택합니다.

03 이미지를 왼쪽으로 드래그하여 이동합니다. [홈] 탭−[그리기] 그룹−[도형]에서 [텍스트 상자]를 선택하여 그림과 같이 '차 한잔의 여유와 힐링~~'을 입력하고 서식을 지정합니다.

- '글꼴: 휴먼편지체', '글꼴 크기: 54pt', '줄 간격: 1.5'
- WordArt스타일: '채우기 : 흰색, 윤곽선 : 주황, 강조색2, 진한 그림자 : 주황, 강조색2'

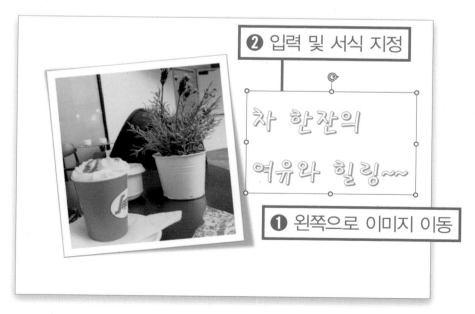

그림으로 각종 슬라이드 완성하기

POINT

이번 장에서는 그림을 활용하여 각종 슬라이드를 완성하는 방법에 대해서 익혀 보도록 하겠습니다.

▌완성 화면 미리 보기

▌여기서 배워요!

그림 색 조정, 투명색 지정

그림으로 제목 슬라이드 완성하기

01 [예제 파일]–[11강] 폴더에서 [11강.pptx] 파일을 불러옵니다. [1번] 슬라이드를 선택한 후 [삽입] 탭–[이미지] 그룹에서 [그림]–[이 디바이스]를 차례대로 클릭합니다.

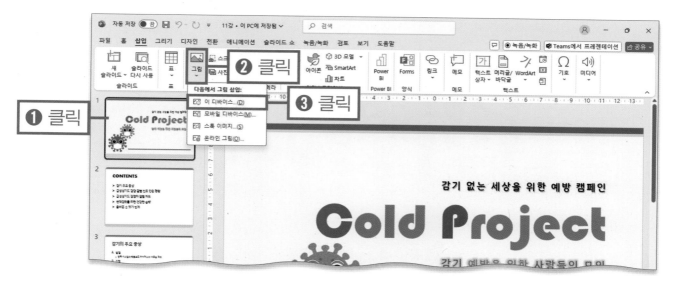

02 [예제 파일]–[img] 폴더에서 [세균(빨강1).png]를 선택한 후 [삽입] 버튼을 클릭합니다. '세균(빨강1).png' 그림 크기를 아래 그림처럼 줄이고 위치를 이동합니다.

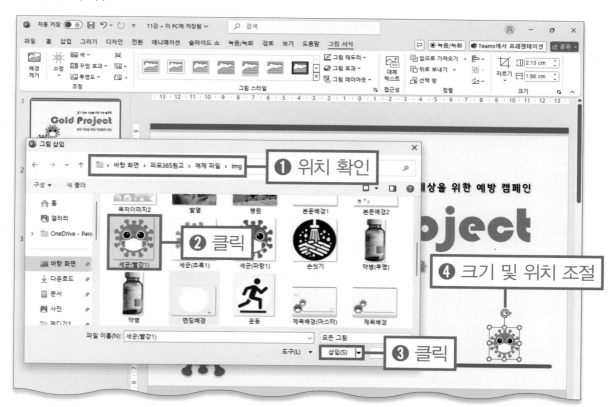

03 '세균(빨강1).png' 그림 색을 조절하기 위해 이미지를 클릭합니다. [그림 서식] 탭-[조정] 그룹에서 [색]을 클릭합니다. '다시 칠하기' 메뉴에서 [밝은 회색, 배경색2 밝게]를 선택합니다.

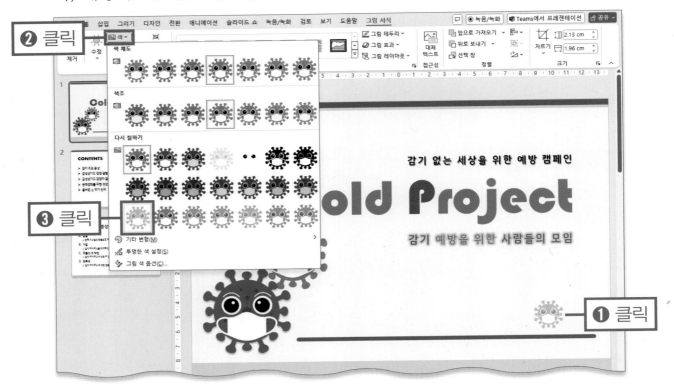

04 [세균(빨강1).png] 그림을 슬라이드 왼쪽 상단으로 Ctrl+드래그하여 3개 복사한 후 그림 크기를 조절합니다.

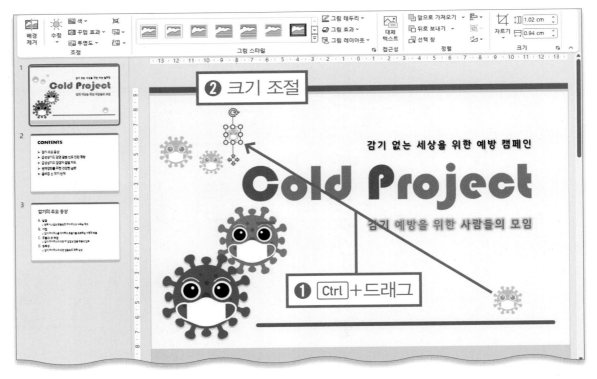

05 [삽입] 탭-[이미지] 그룹에서 [그림]-[이 디바이스]를 차례대로 클릭합니다. [예제 파일]-[img] 폴더에서 [로고1.png]를 아래와 같이 삽입합니다.

그림으로 목차 슬라이드 완성하기

01 [2]번 슬라이드를 클릭한 후 [삽입] 탭-[이미지] 그룹에서 [그림]-[이 디바이스]를 차례대로 클릭합니다. [예제 파일]-[img] 폴더에서 [목차이미지.jpg]를 선택하고 [삽입] 버튼을 클릭합니다.

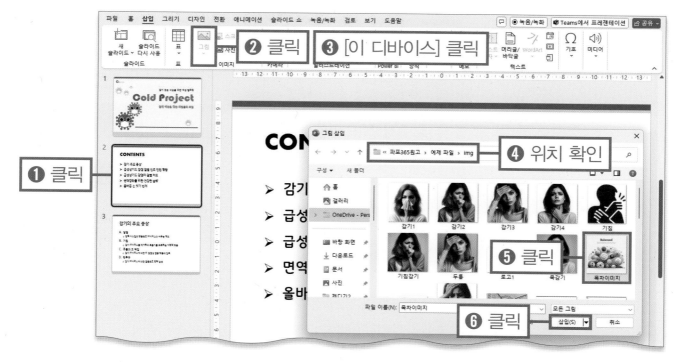

02 삽입된 그림의 크기와 위치를 아래와 같이 조절합니다.

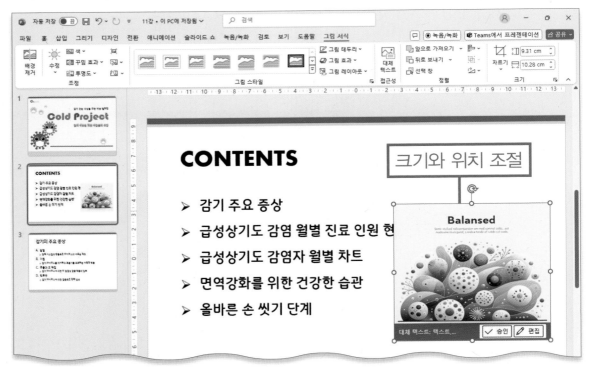

03 [그림 서식] 탭-[크기] 그룹에서 [자르기]를 선택하여 아래 그림처럼 '목차
이미지.jpg'의 상단과 하단을 잘라냅니다.

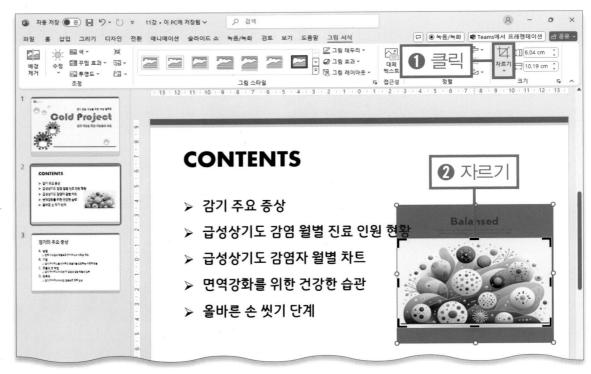

04 그림 배경을 투명하게 하기 위해 [목차이미지.jpg]를 클릭한 후 [그림 서식] 탭-[조정] 그룹에서 [색]-[투명한 색 설정]을 차례대로 클릭합니다.

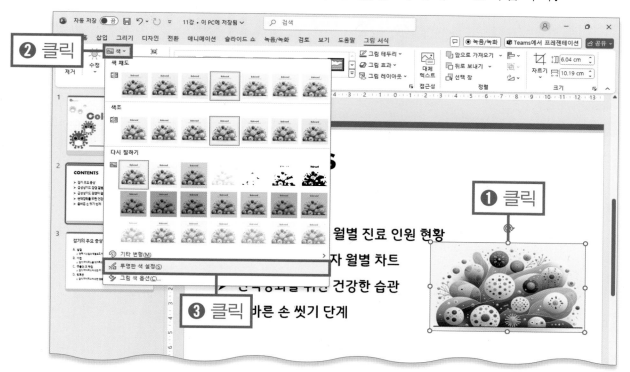

05 '목차이미지.jpg'의 배경 부분을 클릭하여 배경색을 제거하고 크기와 위치 도 아래와 같이 조절합니다.

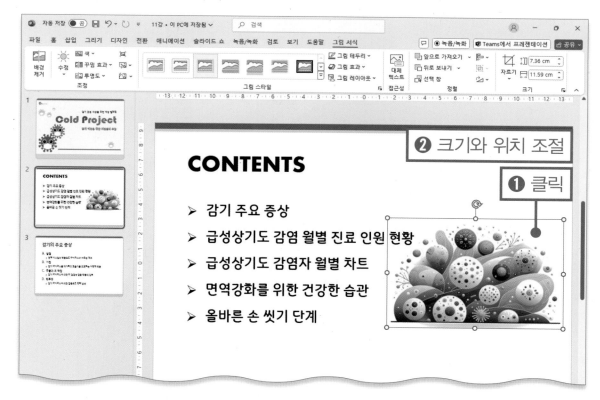

12 | 도형과 그림을 이용한 목차 슬라이드 만들기

이번 장에서는 도형과 그림을 활용하여 목차 슬라이드를 디자인하는 방법에 대해 배워보겠습니다

▌완성 화면 미리 보기

▌여기서 배워요!

도형 투명도 조절, 맨 뒤로 정렬하기

도형 투명도 설정

01 [예제 파일]−[12강] 폴더에서 [12강.pptx] 파일을 불러옵니다. [2]번 슬라이 드를 클릭한 후 본문 텍스트 상자의 외곽선을 클릭합니다. [홈] 탭−[글꼴] 그룹에서 '글꼴 크기'를 [20pt]로 변경합니다.

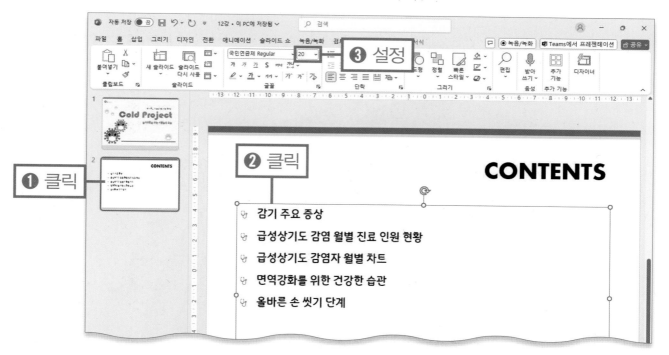

02 아래 그림과 같이 본문 텍스트 상자의 [조절점]을 드래그하여 크기를 줄입 니다.

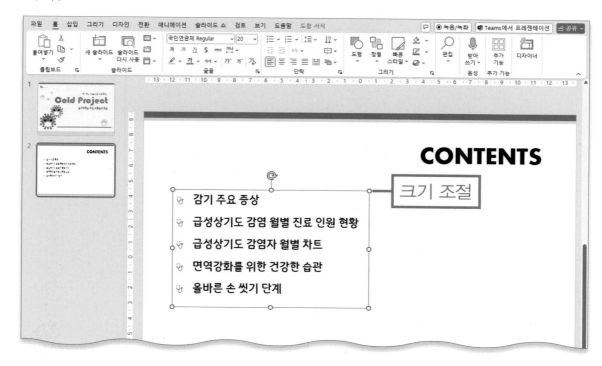

03 본문 텍스트 상자를 아래와 같이 오른쪽으로 드래그하여 이동시킵니다.

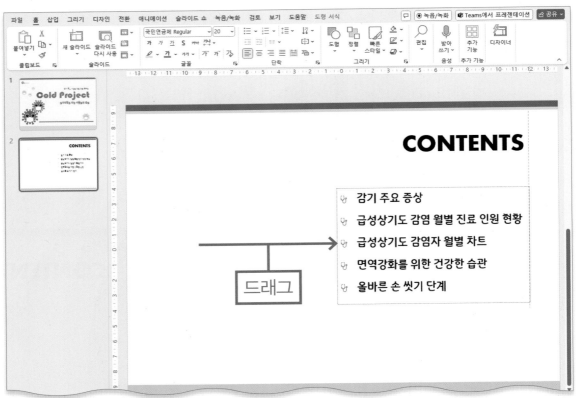

04 [홈] 탭의 [그리기] 그룹에 있는 [도형]을 클릭한 후 '사각형' 그룹에서 [직사각형] 도형을 선택합니다. 도형을 아래와 같이 드래그하여 삽입합니다.

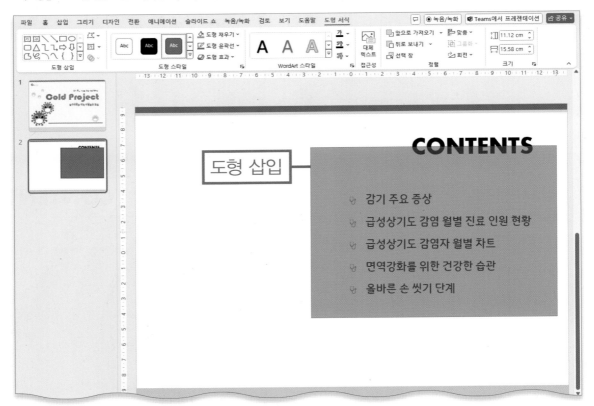

05 '직사각형' 도형에 투명도를 지정하기 위해 [도형 서식] 탭-[도형 스타일] 그룹에서 [도형 채우기]를 클릭한 후 [다른 채우기 색]을 선택합니다. '색' 대화상자에서 [사용자 지정] 탭을 클릭합니다. '빨강(R): 189', '녹색(G): 215', '파랑(B): 238', '투명도: 30%'를 입력하고 [확인] 버튼을 클릭합니다.

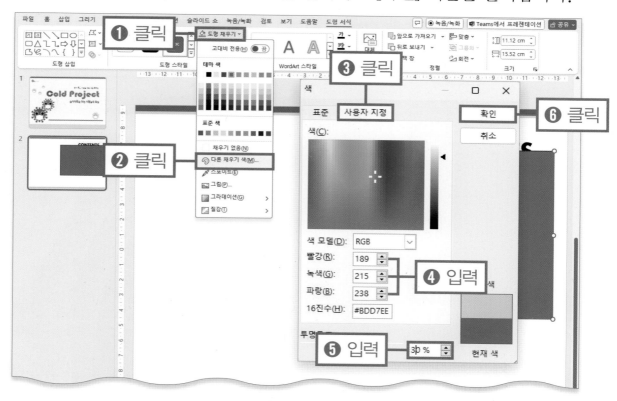

06 '직사각형' 도형의 테두리 선을 없애기 위해 [도형 스타일] 그룹에서 [도형 윤곽선]-[윤곽선 없음]을 차례대로 클릭합니다.

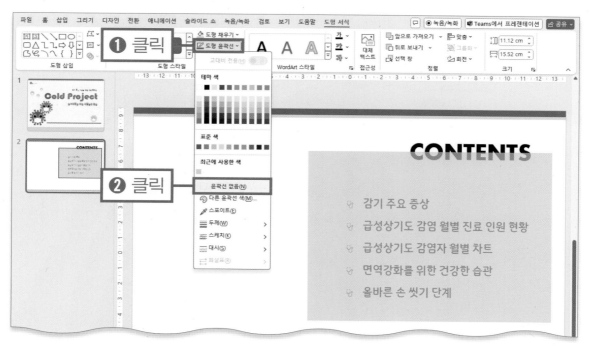

도형 정렬하기

01 '직사각형' 도형을 본문 텍스트 상자 뒤로 보내기 위해서 [도형 서식] 탭-[정렬] 그룹에서 [뒤로 보내기]-[맨 뒤로 보내기]를 차례대로 클릭합니다.

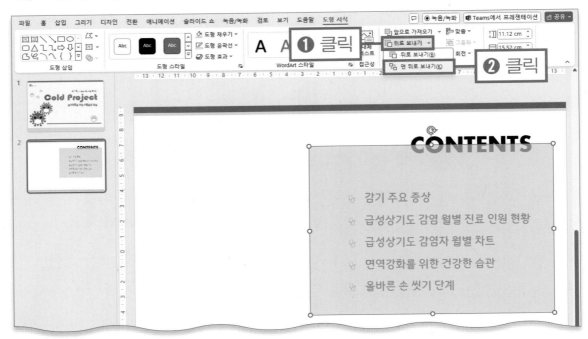

02 아래 그림처럼 제목 텍스트 상자 크기를 줄여서 '직사각형' 도형 위로 이동시킵니다. 본문 텍스트의 위치도 적절하게 조절합니다.

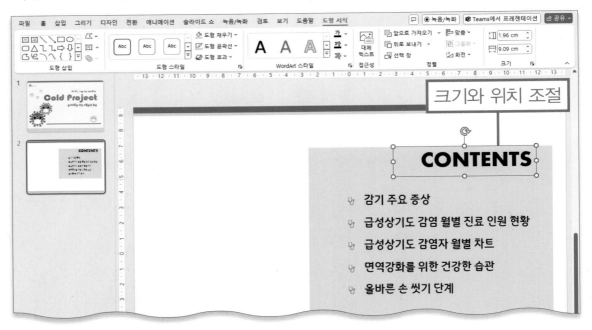

목차 이미지 삽입

01 목차 슬라이드에 그림을 삽입하기 위해 [삽입] 탭-[이미지] 그룹에서 [그림]-[이 디바이스]를 차례대로 클릭합니다. [예제 파일]-[img] 폴더에서 [기침감기.jpg] 파일을 선택하고 [삽입] 버튼을 클릭합니다

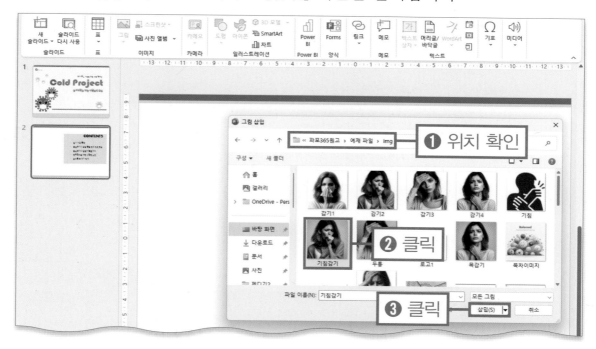

02 삽입된 그림의 크기를 조절한 후 아래 그림처럼 이동시킵니다. 이미지를 '직사각형' 뒤로 보내기 위해서 [그림 서식] 탭-[정렬] 그룹에서 [뒤로 보내기]-[맨 뒤로 보내기]를 차례대로 클릭합니다.

03 스톡 이미지를 삽입하기 위해 [삽입] 탭–[이미지] 그룹에서 [그림]–[스톡 이미지]를 차례대로 클릭합니다. '스톡 이미지' 대화상자에서 [아이콘] 탭을 클릭한 후 검색어로 '집'을 입력합니다. 원하는 아이콘을 선택한 후 [삽입] 버튼을 클릭합니다.

04 삽입된 [집] 아이콘을 오른쪽 하단으로 이동시킵니다. 색상을 변경하기 위해 [그래픽 형식] 탭–[그래픽 스타일] 그룹에서 [그래픽 채우기]를 클릭한 후 '테마 색'에 있는 [흰색, 배경1, 25% 더 어둡게]를 선택합니다.

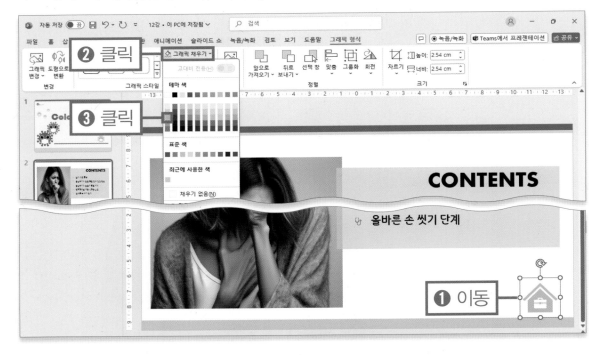

도형과 그림을 이용한 목록형 슬라이드 만들기

POINT

이번 장에서는 도형과 그림을 이용해 설명형 목록 슬라이드를 디자인해 보도록 하겠습니다.

▌완성 화면 미리 보기

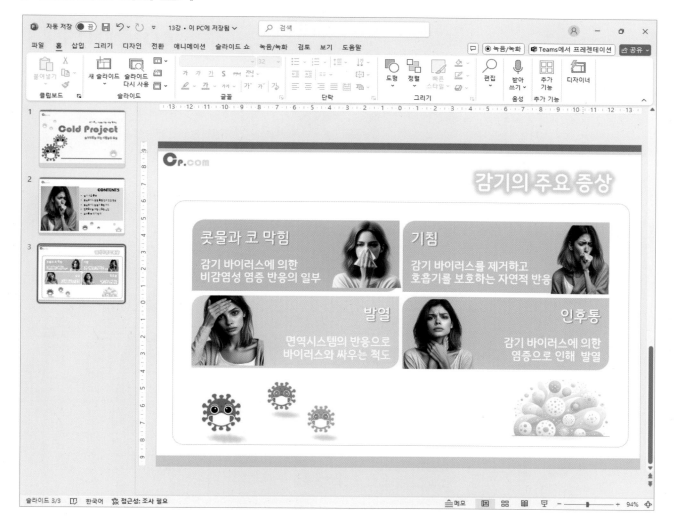

▌여기서 배워요!

도형에 텍스트 삽입하기, 도형과 그림 활용법

01 [예제 파일]-[13강] 폴더에서 [13강.pptx] 파일을 불러옵니다. [2]번 슬라이드를 클릭한 후 [홈] 탭-[슬라이드] 그룹에서 [새 슬라이드]-[제목만]을 차례대로 클릭합니다.

02 [3]번 슬라이드 배경을 변경하기 위해 [디자인] 탭-[사용자 지정] 그룹에서 [배경 서식]을 클릭합니다. '배경 서식' 작업 창에서 [그림 또는 질감 채우기]에 있는 [삽입]을 클릭합니다. [파일에서]를 클릭한 후 [예제 파일]-[img] 폴더에 있는 [본문배경2.jpg]를 선택하고 [삽입] 버튼을 클릭합니다.

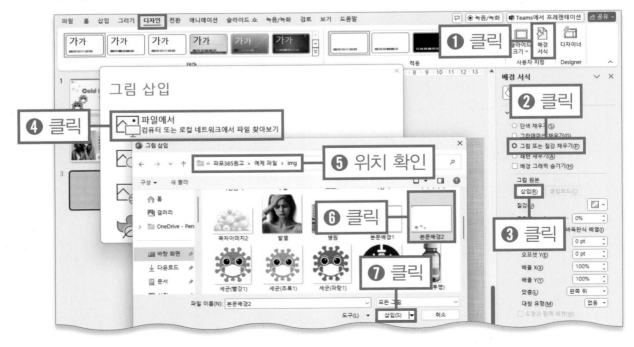

03 [3번] 슬라이드에 제목을 '감기의 주요 증상'으로 입력하고 아래와 같이 서식을 지정합니다. 제목이 완성되면 제목 텍스트 상자 크기를 줄여 슬라이드 오른쪽 상단으로 이동시킵니다.

- [홈] 탭-[글꼴] 그룹에서 '글꼴: 국민연금체 Regular', '글꼴 크기: 32pt', '글꼴 색: 흰색, 배경1'
- [도형 서식] 탭-[WordArt스타일] 그룹에서 [텍스트 효과]-[네온: 18pt, 파랑, 강조 색 5]
- [홈] 탭-[단락] 그룹에서 [오른쪽 맞춤]

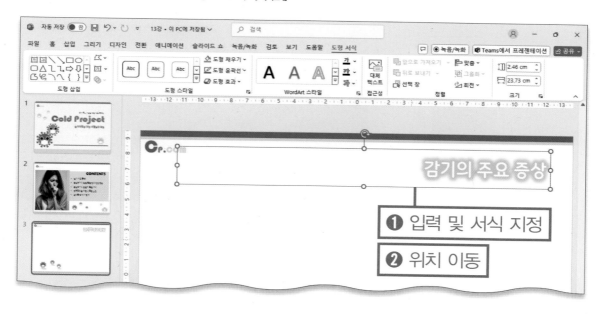

04 [홈] 탭-[그리기] 그룹에서 [도형]을 클릭합니다. '사각형' 그룹에서 [사각형: 둥근 대각선 방향 모서리] 도형을 클릭한 후 드래그하여 삽입합니다.

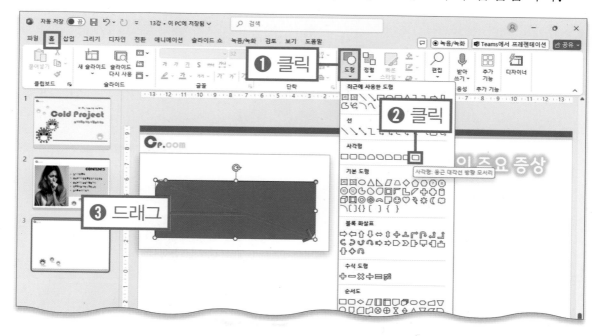

05 삽입한 '사각형: 둥근 대각선 방향 모서리' 도형을 아래 그림과 같이 복사하여 배치합니다. 도형 색상을 변경하기 위해 첫 번째 도형을 클릭합니다. [도형 서식] 탭-[도형 스타일] 그룹에서 [빠른 스타일]의 [자세히](▾) 버튼을 클릭합니다.

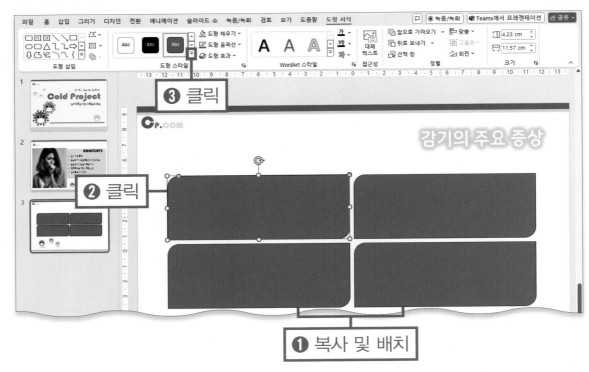

조금 더 배우기

먼저 Ctrl + Shift +오른쪽 드래그하여 복사한 다음 2개의 도형을 모두 선택한 후 Ctrl + Shift +아래쪽으로 드래그합니다.

06 '빠른 스타일' 중에서 [반투명-녹색, 강조6, 윤곽선 없음]을 선택합니다.

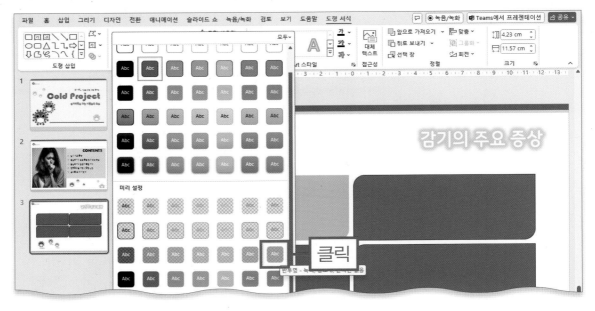

07 나머지 도형들도 아래와 같이 [빠른 스타일]을 적용합니다.

• '반투명–파랑, 강조5, 윤곽선 없음', '반투명–황금색, 강조4, 윤곽선 없음', '반투명–주황, 강조2, 윤곽선 없음'

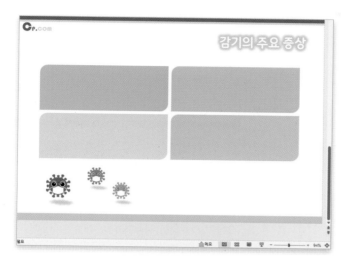

STEP 02 **도형에 텍스트 삽입하기**

01 첫 번째 도형을 클릭한 후 아래 그림과 같이 '콧물과 코 막힘 감기 바이러스에 의한 비감염성 염증 반응의 일부' 텍스트를 입력합니다. 텍스트를 줄 바꿈하고자 한다면 Shift + Enter↲를 누릅니다.

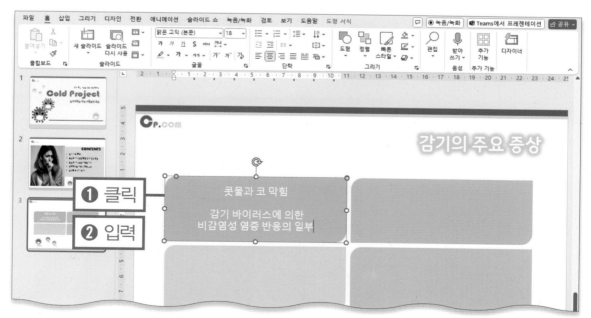

🖉 **조금 더 배우기**

파워포인트에서는 도형을 클릭하여 텍스트를 바로 입력할 수 있습니다.

02 첫 번째 도형에 글꼴 서식을 지정하기 위해 외곽선을 클릭합니다. [글꼴] 그룹에서 '글꼴'을 [국민연금체 Regular]로 지정한 후 [단락] 그룹에서 [왼쪽 맞춤](▤)을 클릭합니다.

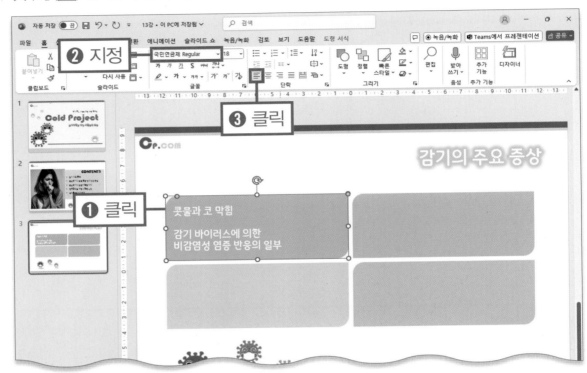

03 '콧물과 코 막힘'을 드래그하여 선택한 후 '글꼴 크기'는 [24pt], [텍스트 그림자](S)를 지정합니다.

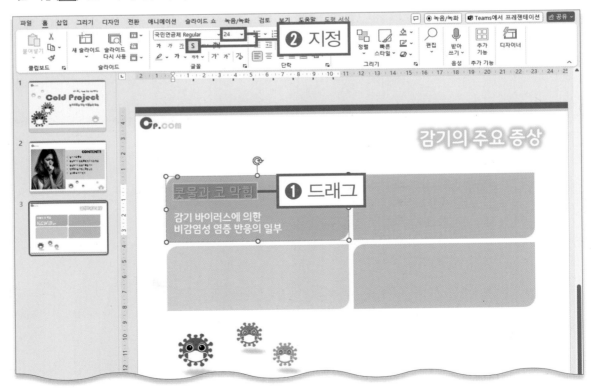

04 나머지 도형도 아래와 같이 텍스트를 입력하고 서식을 지정합니다.

- '글꼴 : 국민연금체 Regular', '글꼴 크기 : 24pt, 18pt', [텍스트 그림자], [왼쪽 맞춤] 또는 [오른쪽 맞춤]
- '기침 / 감기 바이러스를 제거하고 호흡기를 보호하는 자연적 반응'
- '발열 / 면역시스템의 반응으로 바이러스와 싸우는 척도'
- '인후통 / 감기 바이러스에 의한 염증으로 인해 발열'

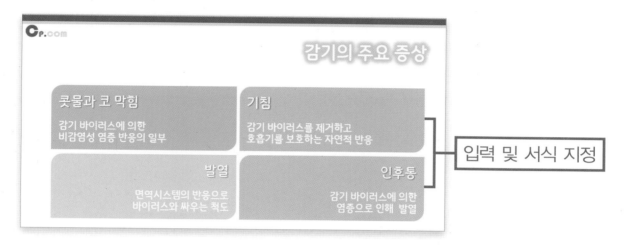

05 [홈] 탭의 [그리기] 그룹에서 [도형]을 클릭하여 [사각형] 그룹에 있는 [사각형: 둥근 모서리] 도형을 선택합니다. 아래 그림처럼 드래그하여 그린 후 [모양 조절점]을 왼쪽으로 드래그하여 곡률을 조절합니다.

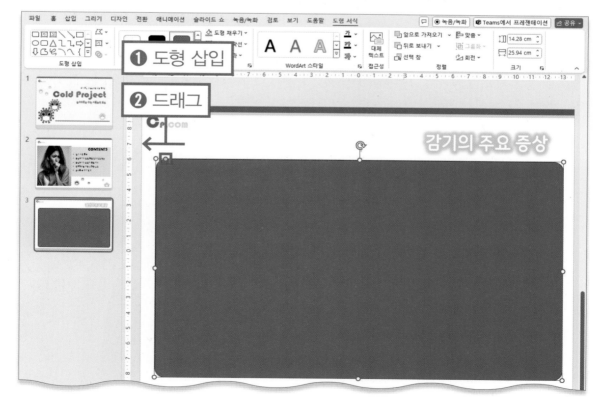

06 [도형 서식] 탭-[도형 스타일] 그룹을 이용하여 '사각형: 둥근 모서리'의 서식을 아래와 같이 지정합니다.

- '도형 채우기: 채우기 없음' / '도형 윤곽선: 흰색, 배경1, 25% 더 어둡게'

서식 지정

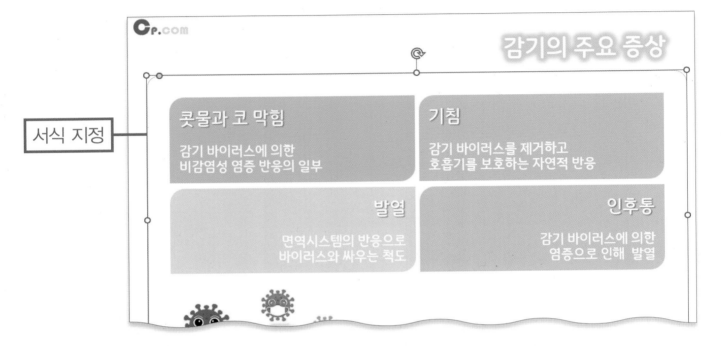

STEP 03 **그림 삽입으로 목록 슬라이드 완성하기**

01 [예제 파일]-[img] 폴더에 있는 [감기1.png], [감기2.png], [감기3.png], [감기4.png], [목차이미지2.jpg] 그림을 아래 그림처럼 삽입하세요.

14

SmartArt를 활용한 목록형 슬라이드 만들기

POINT

이번 장에서는 키워드에 따라 자주 사용되는 도형 형태를 미리 만들어 둔 SmartArt를 이용해 목록형 슬라이드를 만들어 보도록 하겠습니다.

▌완성 화면 미리 보기

▌여기서 배워요!

SmartArt 삽입과 서식 지정

SmartArt 삽입하기

01 [예제 파일]-[14강] 폴더에서 [14강.pptx] 파일을 불러옵니다. [3]번 슬라이드를 클릭한 후 [홈] 탭-[슬라이드] 그룹에서 [새 슬라이드]-[제목 및 내용]을 차례대로 클릭합니다.

02 [4]번 슬라이드 배경을 변경하기 위해서 [디자인] 탭-[사용자 지정] 그룹에서 [배경 서식]을 선택합니다. [그림 또는 질감 채우기]-[삽입] 버튼을 차례대로 클릭합니다. [파일에서]를 클릭한 후 [예제 파일]-[img] 폴더에 있는 [본문배경2.jpg]를 선택한 후 [삽입] 버튼을 클릭합니다.

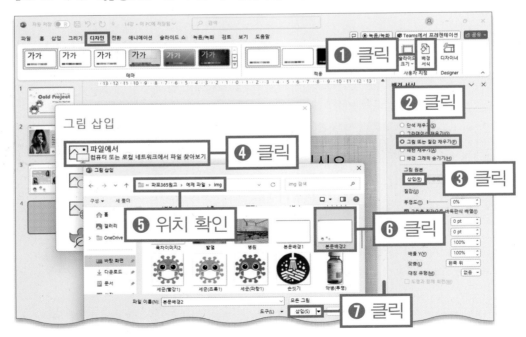

📖 **조금 더 배우기**

[4]번 슬라이드 배경 위에서 마우스 오른쪽 버튼을 클릭하여 나오는 메뉴 중 [배경 서식]을 선택해도 됩니다.

03 [4]번 슬라이드에 제목을 '면역강화를 위한 건강한 습관'이라고 입력하고 아래와 같이 서식을 지정합니다. 제목이 완성되면 그림처럼 크기와 위치를 조절합니다.

- '글꼴: 국민연금체 Regular', '글꼴 크기: 32pt', '글꼴 색: 흰색, 배경1', [오른쪽 맞춤]
- '텍스트 효과: 네온: 18pt, 주황, 강조색2'

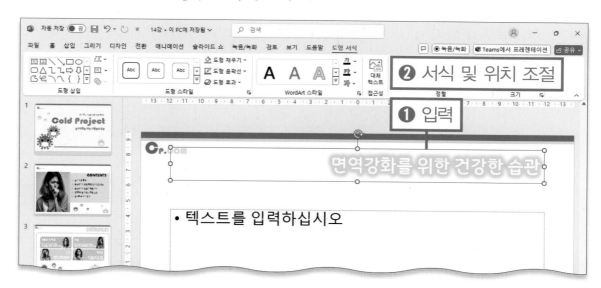

04 본문 개체 상자에서 [SmartArt 그래픽 삽입](📊) 버튼을 클릭합니다.

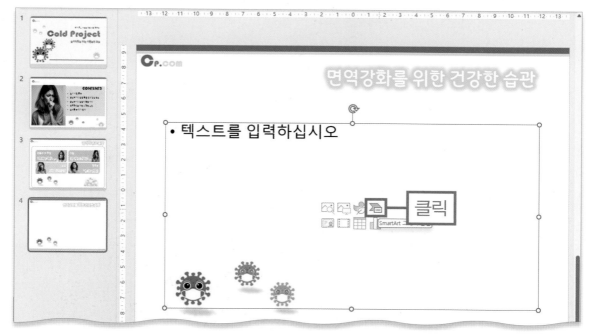

📎 **조금 더 배우기**

본문 개체 상자가 없는 [빈 화면] 슬라이드 레이아웃이라면 [삽입] 탭-[일러스트레이션] 그룹-[SmartArt]를 클릭해도 됩니다.

05 'SmartArt 그래픽 선택' 대화상자에서 [목록형] 범주에 있는 [그림 강조 벤딩 목록형]을 선택하고 [확인] 버튼을 클릭합니다.

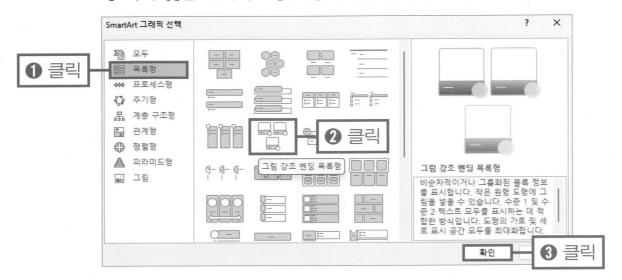

STEP 02 SmartArt에 텍스트와 서식 지정하기

01 삽입된 '그림 강조 벤딩 목록형' SmartArt에 각 도형들을 클릭하여 아래와 같이 텍스트를 입력합니다.

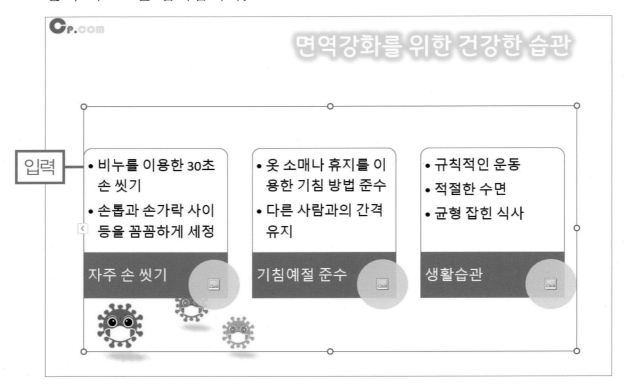

02 SmartArt 색상을 변경하기 위해 [SmartArt 디자인] 탭-[SmartArt 스타일] 그룹에서 [색 변경]을 클릭합니다. '색상형'에서 [색상형 범위-강조 5 또는 6]을 클릭합니다.

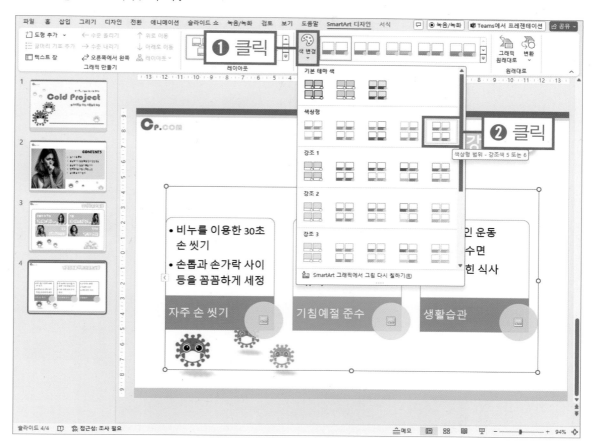

SmartArt에 그림 삽입하기

01 SmartArt의 [그림 삽입] 버튼을 클릭한 후 [파일에서]를 클릭합니다. [예제 파일]-[img] 폴더에 있는 [손 씻기.jpg]를 선택한 후 [삽입] 버튼을 클릭합니다.

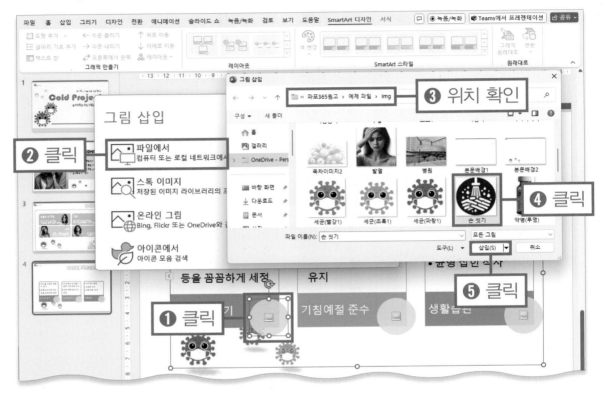

02 나머지 SmartArt 도형도 동일한 방법으로 [기침.jpg], [운동.jpg] 그림을 삽입하여 완성합니다.

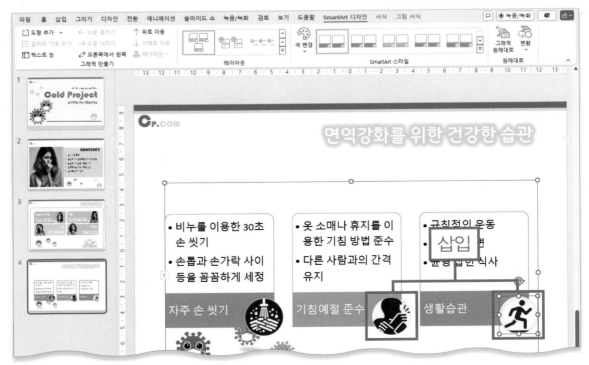

03 SmartArt 그림 도형을 Shift 를 누른 상태로 각각 클릭하여 모두 선택합니다. [서식] 탭-[도형 스타일] 그룹에서 [도형 윤곽선]-[흰색, 배경1, 50% 더 어둡게]를 차례대로 클릭합니다.

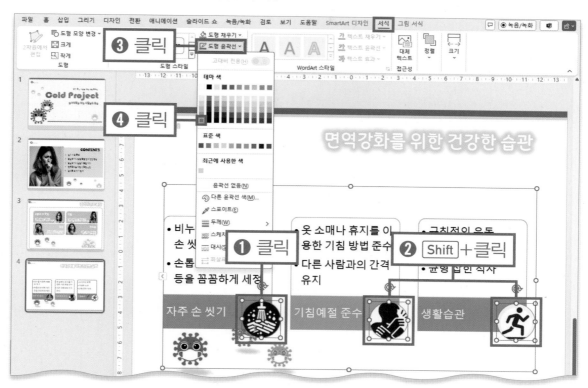

04 그림 도형에 입체 효과를 지정하기 위해 [도형 스타일] 그룹에서 [도형 효과]를 클릭합니다. [입체 효과]-[리블렛]을 차례대로 클릭합니다.

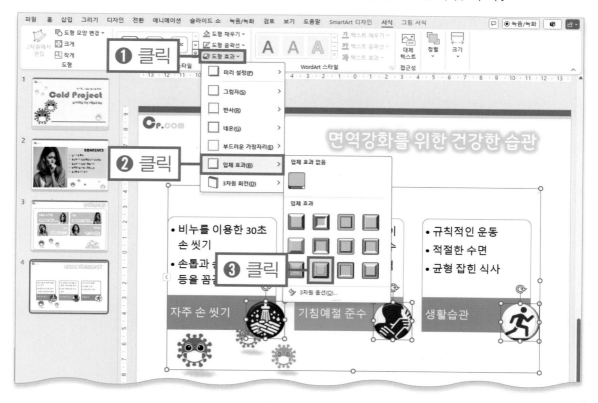

05 SmartArt 위치를 위로 드래그하여 이동시킵니다. [예제 파일]-[img] 폴더에 [목차이미지2.jpg]와 [홈] 탭-[그리기] 그룹-[도형]에서 [사각형: 둥근 모서리] 도형을 활용하여 아래 그림처럼 슬라이드를 완성시킵니다.

혼자서도 만들 수 있어요!

1 그림과 같이 '세로 상자 목록형' SmartArt를 이용해서 슬라이드를 작성해 보세요.

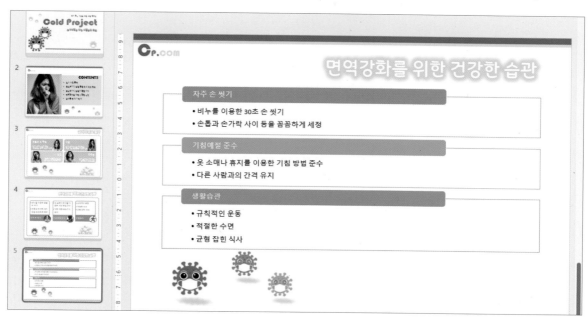

hint [홈] 탭–[슬라이드] 그룹–[새 슬라이드]에서 [제목 및 내용] 슬라이드 삽입 → [SmartArt]를 클릭한 후 '목록형'에서 [세로 상자 목록형]을 클릭

2 '세로 상자 목록형' SmartArt의 색 변경과 SmartArt 스타일을 변경해 보세요.

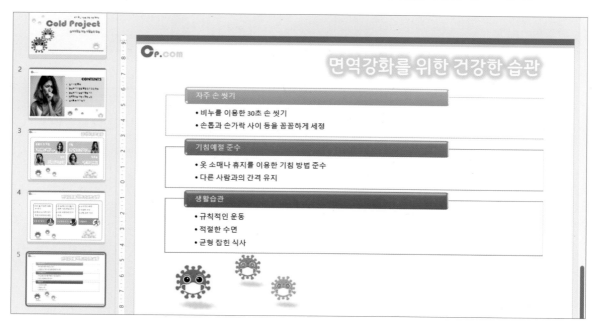

hint
- [SmartArt 디자인] 탭–[SmartArt 스타일] 그룹–[색 변경]에서 [색상형 범위–강조색 3 또는 4]
- [SmartArt 디자인] 탭–[SmartArt 스타일] 그룹–[빠른 스타일]에서 [광택처리]

표를 이용한 연간 데이터 비교하기

숫자 데이터를 비롯한 많은 데이터를 일목요연하게 나타내고자 할 때는 표를 이용하는 것이 편리합니다. 여기서는 표를 활용하는 방법과 디자인하는 방법에 대해서 배워보도록 하겠습니다.

▮ 완성 화면 미리 보기

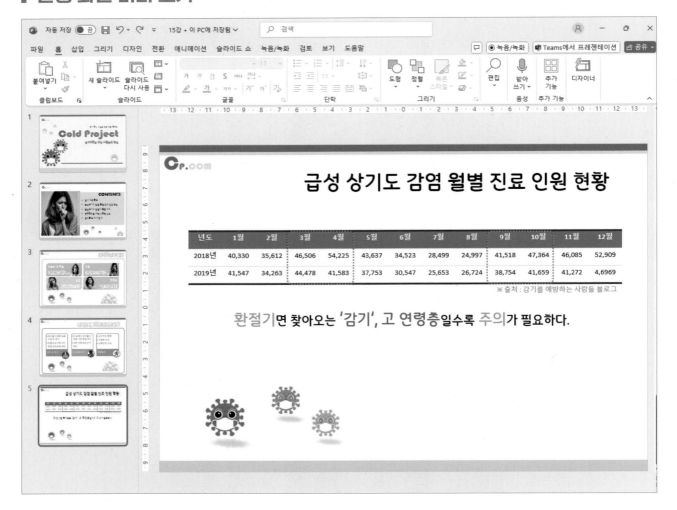

▮ 여기서 배워요!

표 삽입과 편집, 표 서식

표 삽입하기

01 [예제 파일]-[15강] 폴더에서 [15강.pptx] 파일을 불러옵니다. [4]번 슬라이드 아래에 슬라이드를 삽입하기 위해 [홈] 탭-[슬라이드] 그룹에서 [새 슬라이드]-[제목 및 내용]을 차례대로 클릭합니다.

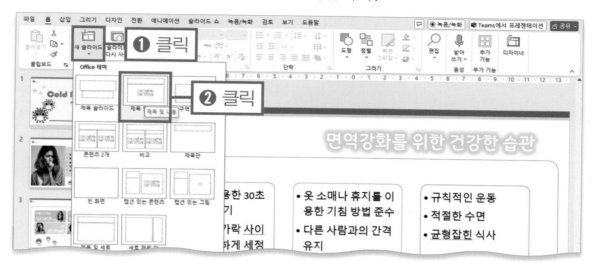

02 [5]번 슬라이드 배경을 변경하기 위해서 [디자인] 탭-[사용자 지정] 그룹에서 [배경 서식]을 클릭한 후 [그림 또는 질감 채우기]-[삽입] 버튼을 차례대로 클릭합니다. [파일에서]를 클릭한 후 [예제 파일]-[img] 폴더에 있는 [본문배경2.jpg]를 선택한 후 [삽입] 버튼을 클릭합니다.

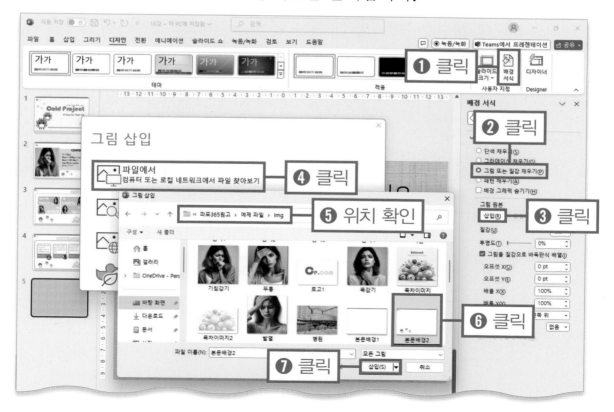

03 [5]번 슬라이드에 제목을 '급성 상기도 감염 월별 진료 인원 현황'이라고 입력하고 아래와 같이 서식을 지정합니다. 제목이 완성되면 그림처럼 크기와 위치를 조정합니다.

- '글꼴: 국민연금체 Regular', '글꼴 크기: 32pt', [오른쪽 맞춤]

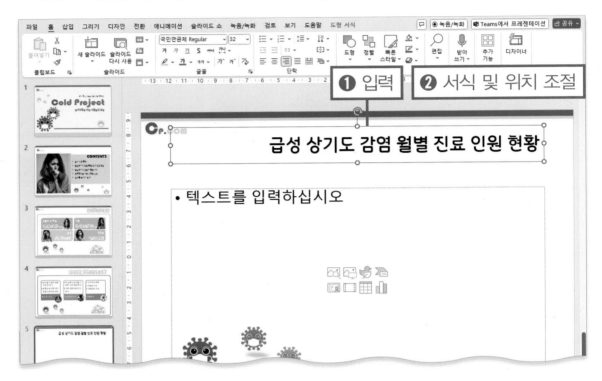

04 본문 개체 상자에서 [표 삽입](▦) 버튼을 클릭합니다. '표 삽입' 대화상자에서 '열 개수'는 '13', '행 개수'는 '3'을 입력하고 [확인] 버튼을 클릭합니다.

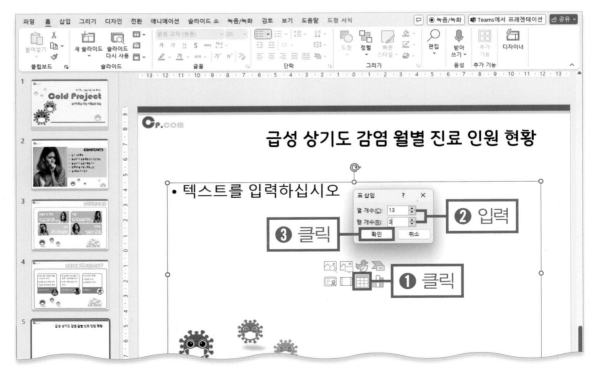

05 삽입된 표에 그림과 같이 데이터를 입력합니다. 표 외곽선을 클릭하여 '글 꼴 크기'는 [12pt], [가운데 맞춤]을 지정합니다. [단락] 그룹-[텍스트 맞춤] 을 클릭하여 [중간]( )으로 지정합니다.

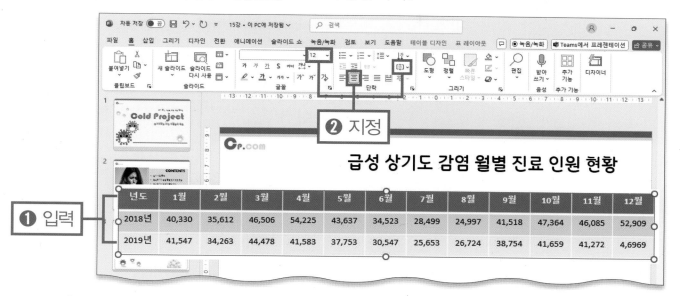

조금 더 배우기

[단락] 그룹에 [텍스트 맞춤]을 '중간'으로 설정하면 각 행에서 텍스트가 세로 가운데 정렬됩니다.

STEP 02 표 스타일 지정

01 표 서식을 지정하기 위해 표 외곽선을 클릭합니다. [테이블 디자인] 탭-[표 스타일] 그룹에서 [자세히]( ) 버튼을 클릭한 후 '밝게' 그룹에서 [밝은 스 타일 2-강조 3]을 선택합니다.

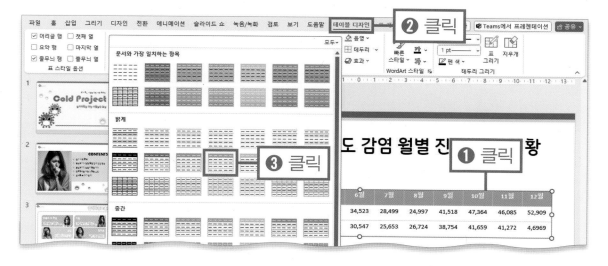

02 1행의 색상을 변경하기 위해 1행을 드래그하여 선택합니다. [표 스타일] 그룹에서 [음영]을 클릭한 후 [파랑, 강조 5, 25% 더 어둡게]를 선택합니다.

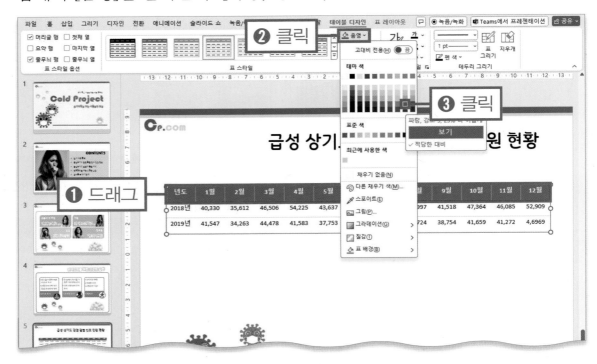

STEP 03 **표 외곽 테두리선 변경하기**

01 외곽 테두리를 없애기 위해 표 외곽선을 클릭하여 선택합니다. [테이블 디자인] 탭-[테두리 그리기] 그룹에서 [펜 스타일]의 [목록] 단추를 클릭한 후 [테두리 없음]을 선택합니다.

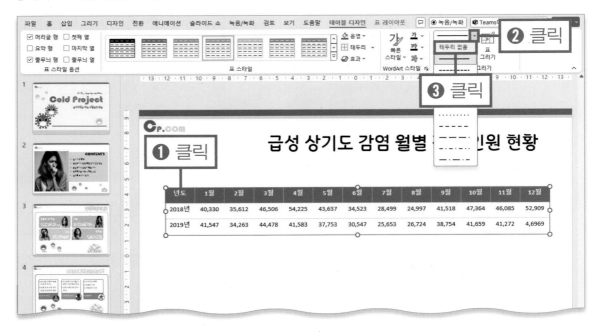

02 선택한 '테두리 없음'을 표 외곽선에 적용하기 위해 [표 스타일] 그룹에서 [테두리]를 클릭한 후 [바깥쪽 테두리]를 선택합니다.

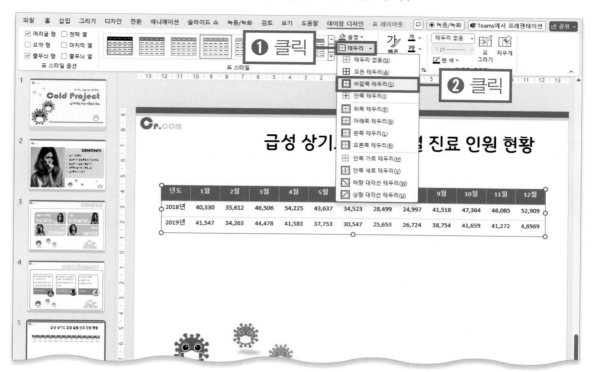

03 표의 상단과 하단에 굵은 테두리를 지정하기 위해 표의 외곽선을 클릭합니다. [테두리 그리기] 그룹에서 '펜 스타일'은 [실선], '펜 두께'는 [3pt], '펜 색'은 [진한 파랑]을 지정합니다.

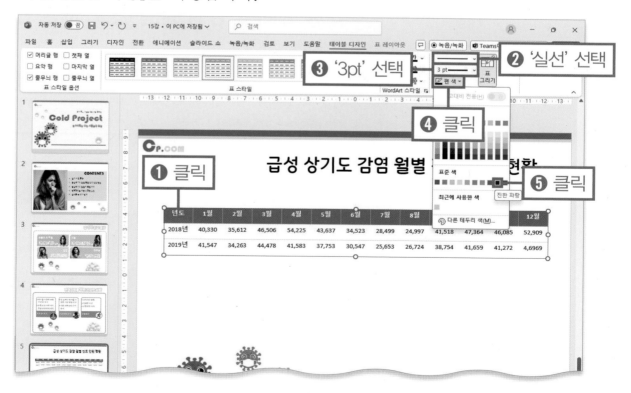

04 지정한 테두리 스타일을 적용하기 위해 [표 스타일] 그룹에서 [테두리]를 클릭한 후 [위쪽 테두리]를 적용하고 다시 [아래쪽 테두리]를 적용합니다.

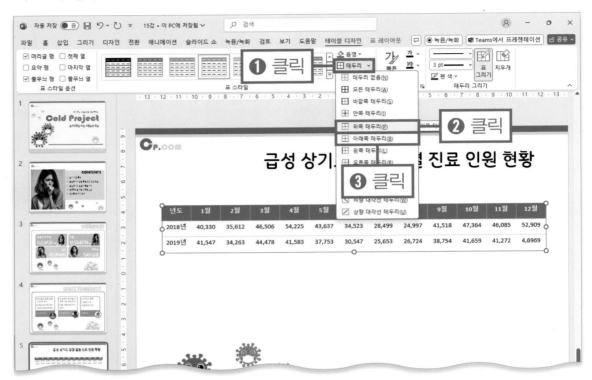

05 표의 선이 지정된 것을 확인할 수 있습니다.

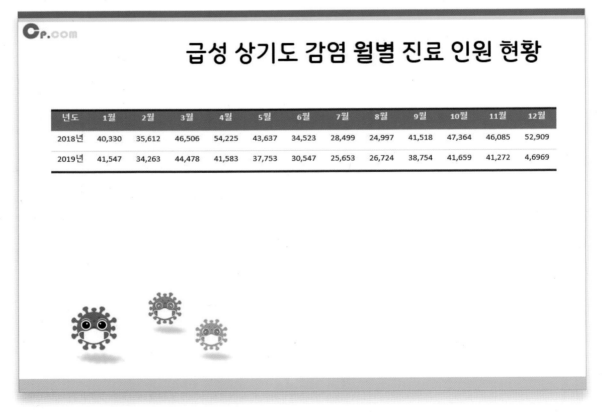

STEP 04 도형으로 열 강조하기

01 표의 특정 열을 강조하기 위해 도형을 활용합니다. [홈] 탭-[그리기] 그룹에서 [도형]을 클릭한 후 '사각형' 그룹에서 [사각형: 둥근 모서리] 도형을 선택합니다. 그림과 같이 '3월'과 '4월' 열 위를 드래그한 후 곡률을 아래와 같이 조정합니다.

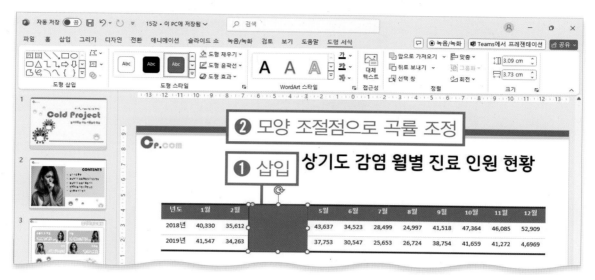

02 삽입된 [사각형: 둥근 모서리] 도형을 클릭한 후 [도형 서식] 탭-[도형 스타일] 그룹에서 [도형 채우기] 색은 [채우기 없음]을 지정합니다. [도형 윤곽선]은 '표준 색'의 [빨강], [두께]는 [2 1/4pt], [대시]는 [둥근 점선]으로 각각 지정합니다.

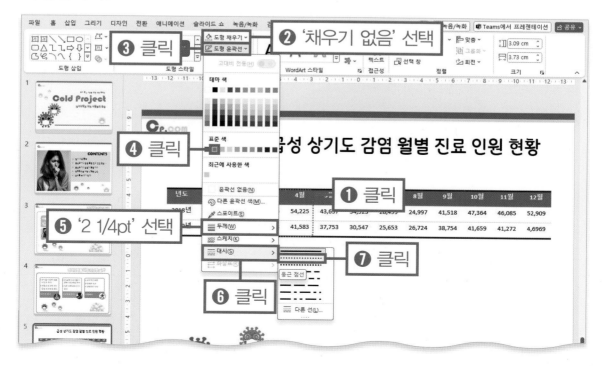

03 만들어진 '사각형: 둥근 모서리' 도형을 Ctrl + Shift + 드래그하여 '9월~10월' 열 위에 복사합니다.

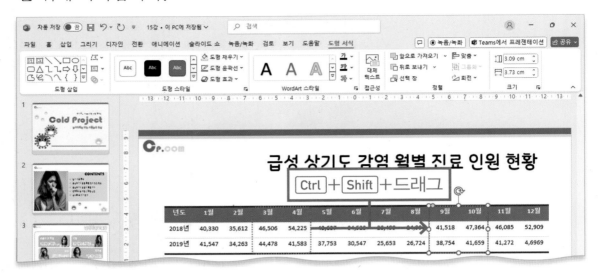

04 [홈] 탭-[그리기] 그룹의 [도형]에서 [텍스트 상자]를 클릭하여 아래 그림과 같이 텍스트를 입력하고 서식을 지정합니다.

- '글꼴: 국민연금체 Regular', '글꼴 크기: 20pt, 24pt', '글꼴 색: 검정 텍스트1, 연한 파랑, 진한 빨강'

📎 **조금 더 배우기**

외부 데이터를 인용하여 자료를 작성한다면 그림처럼 출처를 밝혀야 합니다.

년도	1월	2월	3월	4월	5월	6월	7월	8월	9월	10월	11월	12월
2018년	40,330	35,612	46,506	54,225	43,637	34,523	28,499	24,997	41,518	47,364	46,085	52,909
2019년	41,547	34,263	44,478	41,583	37,753	30,547	25,653	26,724	38,754	41,659	41,272	4,6969

※ 출처 : 감기를 예방하는 사람들 블로그

환절기면 찾아오는 **'감기'**, 고 연령층일수록 **주의**가 필요하다.

차트로 보는 감염자 월별 추이 변화

차트는 청중에게 복잡한 숫자나 통계와 같은 데이터를 보다 쉽고 명확하게 전달할 수 있는 데이터 시각화 도구입니다. 여기서는 표로 나타난 수치를 차트화하여 데이터를 직관적으로 이해할 수 있도록 하겠습니다.

▌완성 화면 미리 보기

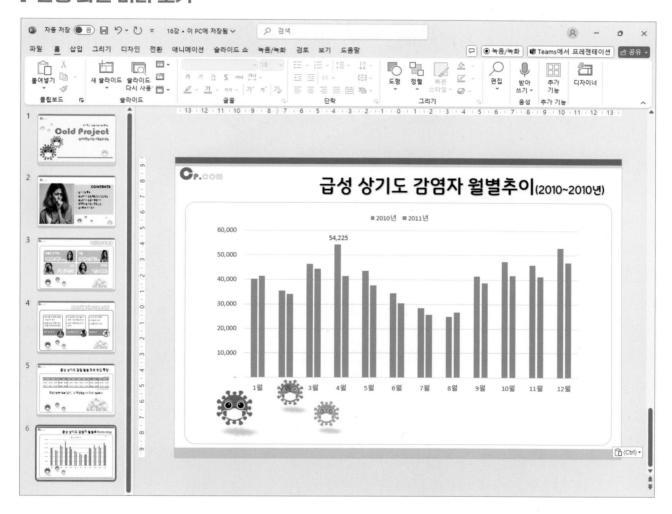

▌여기서 배워요!

차트 삽입과 편집, 서식 변경

01 [예제 파일]–[16강] 폴더에서 [16강.pptx] 파일을 불러옵니다. [6]번 슬라이드를 클릭한 후 [삽입] 탭–[일러스트레이션] 그룹에서 [차트]를 클릭합니다.

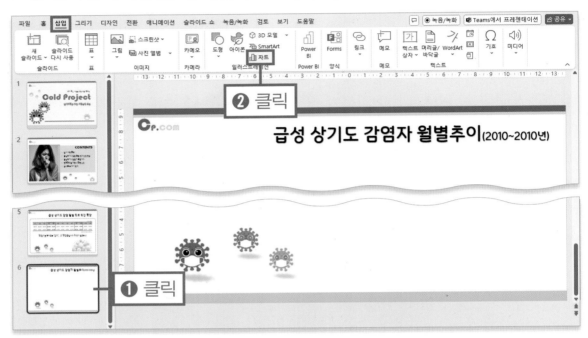

02 '차트 삽입' 대화상자에서 [세로 막대형]–[묶은 세로 막대형]을 차례대로 클릭하고 [확인] 버튼을 클릭합니다.

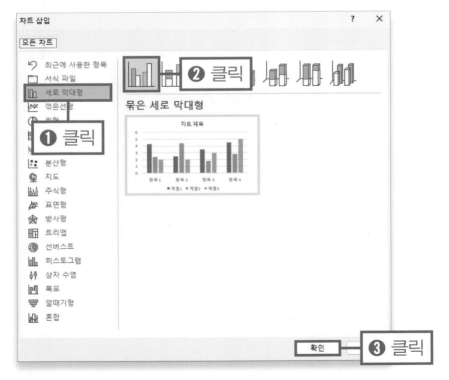

03 차트에 사용할 데이터를 복사해서 가져오기 위해 [예제 파일]-[16강] 폴더에서 [표 데이터.xlsx] 파일을 더블 클릭해서 불러옵니다.

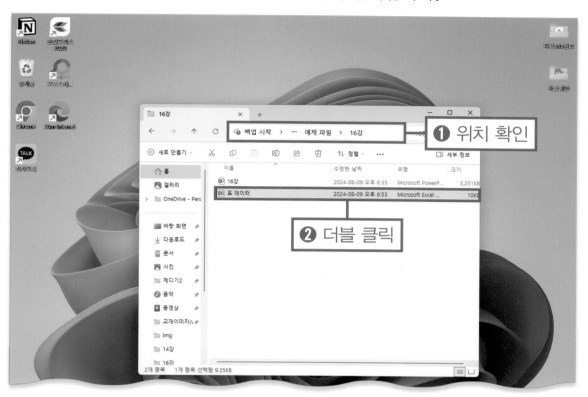

🪝 **조금 더 배우기**

엑셀을 실행한 후 [파일]-[열기]를 클릭하여 [예제 파일]-[16강] 폴더에서 [표 데이터.xlsx] 파일을 불러와도 됩니다.

04 엑셀 워크시트에 있는 데이터를 드래그하여 범위 지정한 후 Ctrl + C (복사)합니다.

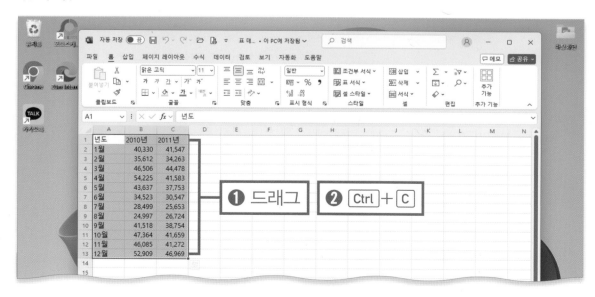

05 파워포인트 'Microsoft Powerpoint의 차트' 대화상자에서 [A1]을 클릭하고 Ctrl+V(붙여넣기)합니다. 불필요한 [D] 열머리를 마우스 오른쪽 버튼을 클릭하여 [삭제]합니다. [닫기](×) 버튼을 클릭하여 창을 닫습니다.

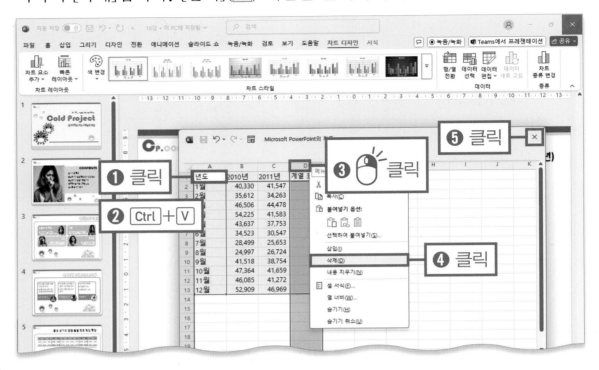

06 차트 크기와 위치를 아래와 같이 조절합니다.

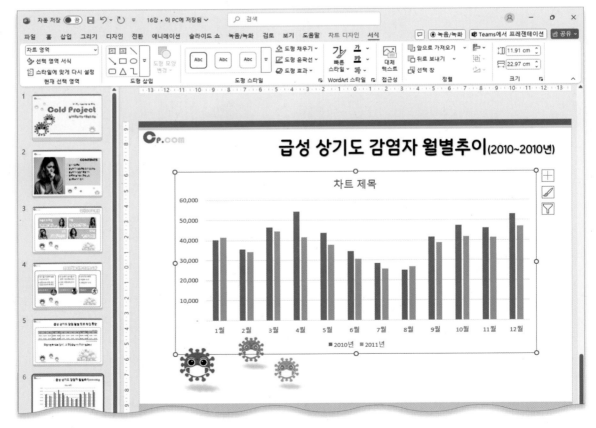

차트 서식 지정

01 슬라이드 제목이 있으므로 [차트 제목]은 클릭한 후 Delete 를 눌러 삭제합니다.

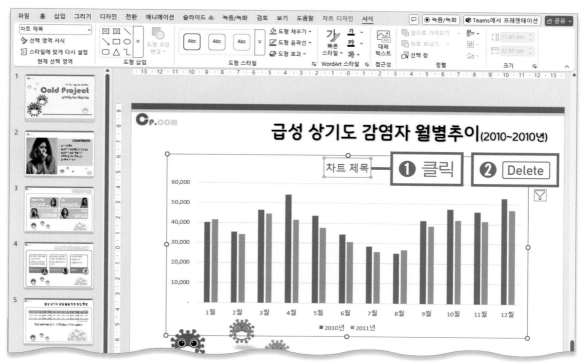

02 차트의 색상을 변경하기 위해 [차트 디자인] 탭-[차트 스타일] 그룹에서 [색 변경]을 클릭합니다. '색상형' 그룹에서 [다양한 색상표]를 선택합니다.

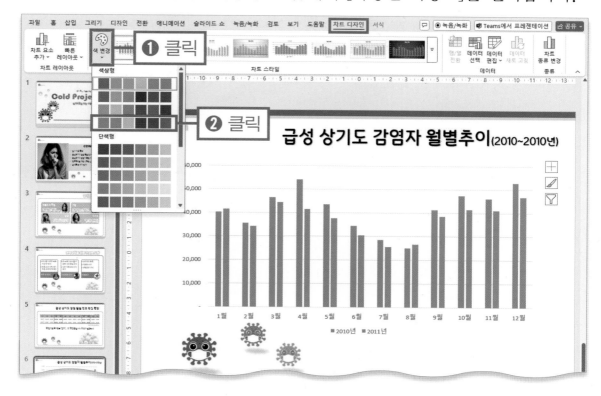

03 '범례'의 위치를 차트 위로 이동하기 위해 [차트 요소](⊞) 버튼을 클릭합니다. [범례]를 클릭한 후 [위쪽]을 선택합니다.

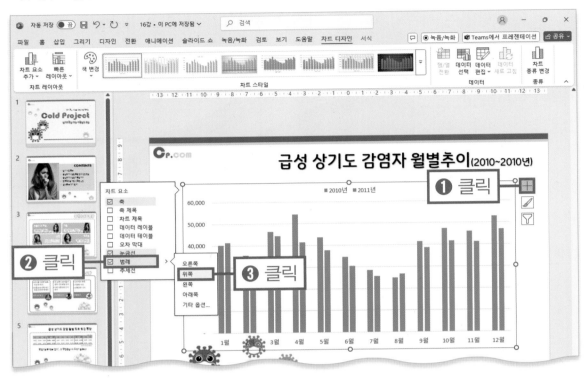

04 '2010년 4월' 데이터에 '데이터 레이블'을 표시하기 위해 [2010년 4월] 데이터를 천천히 2번 클릭합니다. [차트 요소](⊞) 버튼을 클릭하여 [데이터 레이블]을 선택합니다. '2010년 8월' 데이터에도 '데이터 레이블'을 표시합니다.

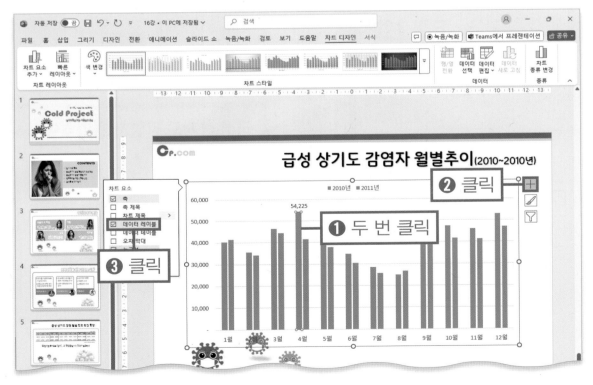

동영상 삽입하기

POINT

동영상은 정적인 슬라이드에 생동감을 더해주고 청중의 주의를 집중시켜 복잡한 내용을 더 쉽게 이해하도록 도와주는 역할을 합니다. 이번 장에서는 유튜브에 있는 동영상을 삽입하고 슬라이드를 디자인하는 방법에 대해서 익히도록 하겠습니다.

▌ 완성 화면 미리 보기

▌ 여기서 배워요!

동영상 삽입, 효과 설정

01 [예제 파일]-[17강] 폴더에서 [17강.pptx] 파일을 불러옵니다. [7]번 슬라이드를 클릭한 후 [삽입] 탭-[이미지] 그룹에서 [그림]-[스톡 이미지]를 차례대로 클릭합니다. [이미지] 탭에서 '텔레비전'을 검색한 후 원하는 이미지를 클릭하고 [삽입] 버튼을 클릭합니다.

02 '디자이너' 작업 창에서 원하는 디자인을 클릭한 후 이미지 크기를 조절합니다.

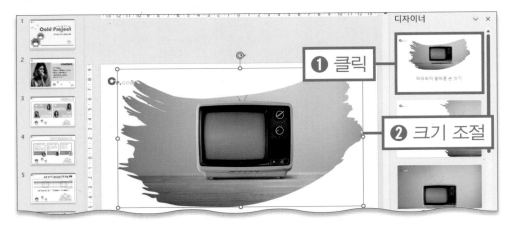

🎙 **조금 더 배우기**

'디자이너' 창에 나오는 디자인 종류는 테마 종류나 업데이트 상황 등에 따라 상이할 수 있습니다.

유튜브 영상 삽입하기

01 엣지나 크롬과 같은 인터넷 브라우저를 실행합니다. '유튜브(youtube.com)'에 접속하여 '올바른 손 씻기'를 검색어로 입력합니다. '질병관리청 아프지마TV'에서 제공하는 [손씻기 6단계 수칙 교육영상]을 클릭합니다.

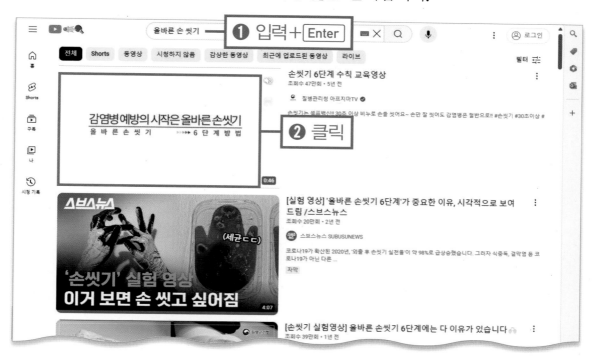

02 '손씻기 6단계 수칙 교육영상'의 [공유] 버튼을 클릭합니다. '공유' 창에 뜬 URL을 [복사] 버튼을 클릭하여 복사합니다.

03 유튜브 영상을 삽입하기 위해 [삽입] 탭-[미디어] 그룹에서 [미디어]를 클릭한 후 [비디오]-[온라인 비디오]를 차례대로 클릭합니다.

🎤 **조금 더 배우기**

개인 소장용 영상을 올리고자 한다면 [삽입] 탭-[미디어] 그룹-[비디오]에서 [이 디바이스(T)]를 선택하여 삽입하면 됩니다.

04 '온라인 비디오의 주소를 입력하십시오' 입력 란에 복사한 주소를 Ctrl + V 하고 [삽입] 버튼을 클릭합니다.

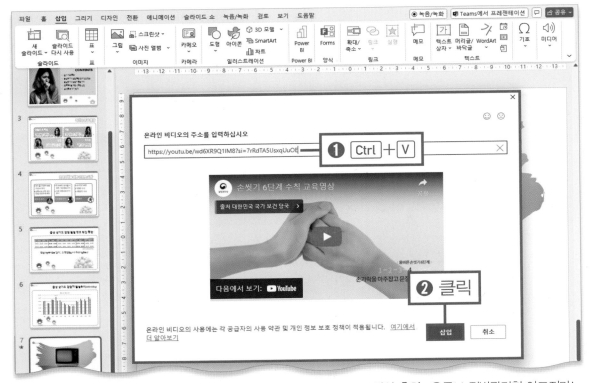

※ **영상 출처** : 유튜브 질병관리청 아프지마tv

05 아래와 같이 TV 크기에 맞춰 영상의 크기를 줄입니다.

06 비디오 도형 모양을 변경하기 위해 [비디오 형식] 탭-[비디오 스타일]에서
[비디오 세이프]를 클릭합니다. '사각형' 그룹에서 [사각형: 둥근 모서리]를
선택하여 적용합니다.

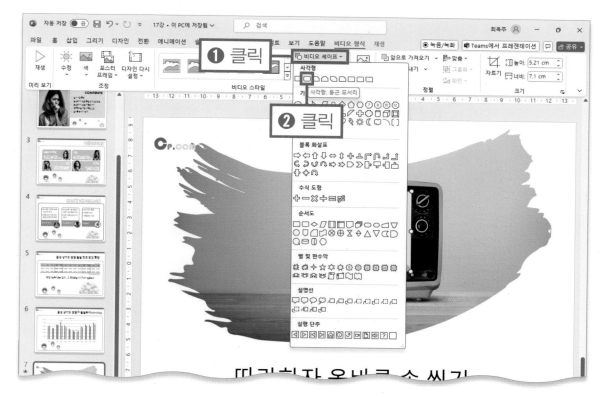

재생 설정하기

01 슬라이드 쇼 진행 시 영상이 자동 재생되도록 [재생] 탭-[비디오 옵션] 그룹에서 [시작]의 [목록] 단추를 클릭한 후 [자동 실행]을 선택합니다.

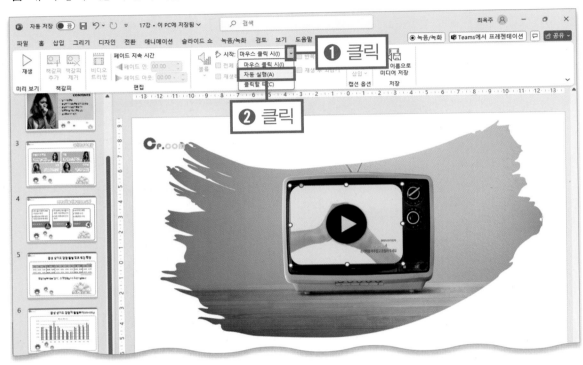

02 '자동 실행' 옵션이 적용된 영상을 재생하기 위해 [슬라이드 쇼] 탭-[슬라이스 쇼 시작] 그룹에서 [현재 슬라이드부터]를 클릭합니다.

03 현재 슬라이드부터 슬라이드 쇼가 실행되면서 동영상이 자동으로 재생되는 것을 확인할 수 있습니다. 슬라이드 쇼를 마치고 편집 화면으로 돌아가려면 슬라이드의 빈 영역을 클릭하면 됩니다.

04 그림과 같이 제목과 출처를 표기하고 서식을 지정합니다.

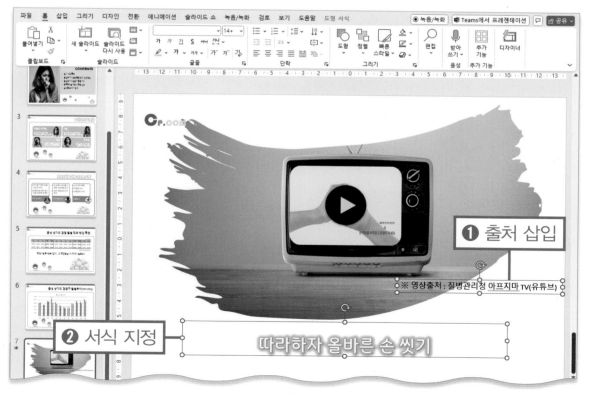

엔딩 슬라이드 만들기

엔딩 슬라이드는 프레젠테이션의 마지막을 알리고 청중에게 마지막으로 중요한 메시지를 전달하는 슬라이드입니다. 여기서는 WordArt를 이용하여 마지막 메시지를 전달하는 엔딩 페이지를 작성해 보도록 하겠습니다.

▌완성 화면 미리 보기

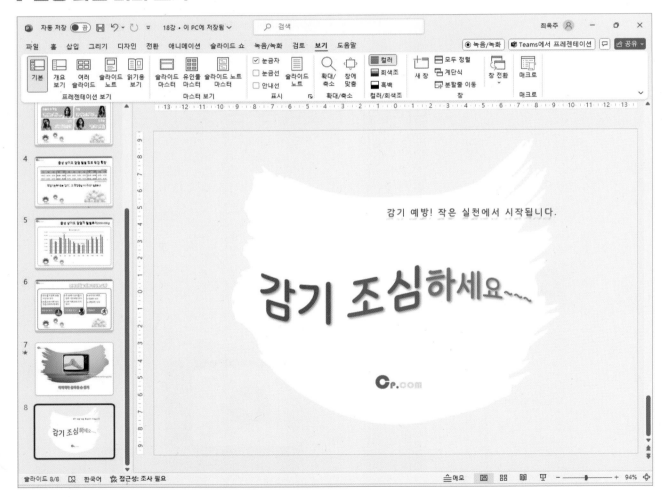

▌여기서 배워요!

배경 디자이너, 텍스트 효과, 화면보기 설정, 슬라이드 이동

STEP 01 **이미지로 배경 만들기**

01 [예제 파일]–[18강] 폴더에서 [18강.pptx] 파일을 불러온 후 [8]번 슬라이드를 클릭합니다. 배경에 '디자이너' 기능을 활용하기 위해서 [디자인]탭–[Designer] 그룹에서 [디자이너]를 클릭합니다. '디자이너' 작업 창에서 원하는 디자인을 클릭합니다.

STEP 02 **WordArt로 제목 디자인하기**

01 [제목을 추가하려면 클릭하십시오]를 클릭하여 '감기 조심하세요~~~'를 입력합니다. 텍스트 상자의 가로 폭과 높이를 아래와 같이 조절합니다.

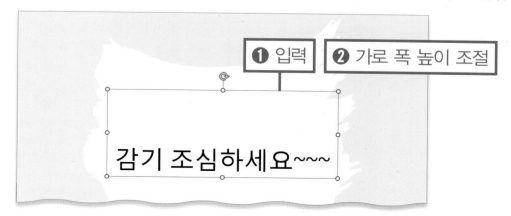

02 [홈] 탭-[글꼴] 그룹에서 '글꼴'을 모두 [국민연금체 Regular]로 지정합니다. [글꼴 크기]와 [글꼴 색]을 아래와 같이 지정합니다.

- 감기 조심: '60pt', '진한빨강', '파랑'
- 하: '48pt', '흰색, 배경1, 50% 더 어둡게'
- 세: '40pt', '흰색, 배경1, 50% 더 어둡게'
- 요: '32pt', '흰색, 배경1, 50% 더 어둡게'
- ~~~: '24pt', '흰색, 배경1, 50% 더 어둡게'

03 텍스트에 그림자를 지정하기 위해 텍스트 상자 외곽선을 클릭합니다. [도형 서식] 탭-[WordArt 스타일] 그룹에서 [텍스트 효과](가 ˅)를 클릭합니다. [그림자]를 클릭한 후 [바깥쪽] 그룹의 [오프셋: 오른쪽 아래]를 클릭합니다.

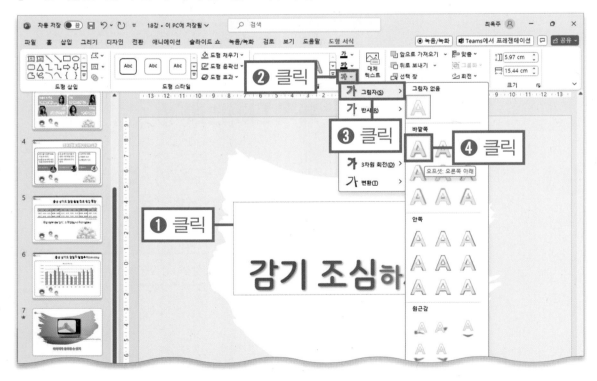

04 텍스트가 입력된 도형의 형태를 변경하기 위해 텍스트 상자가 선택된 상태에서 [텍스트 효과](🗛▾)를 클릭합니다. [변환]-[물결: 위로]를 차례대로 클릭합니다.

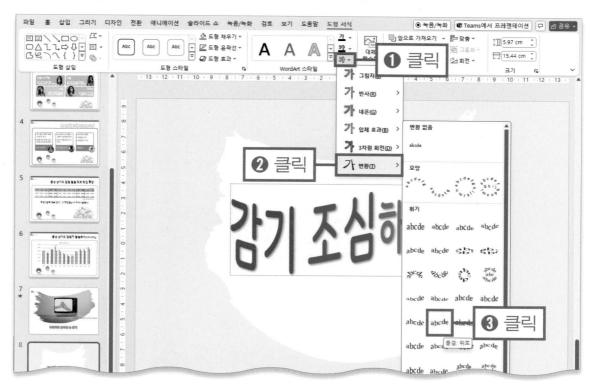

05 WordArt 도형의 높이를 줄인 후 왼쪽 상단에 있는 [모양 조절점]을 아래로 드래그하여 물결 무늬 모양을 만듭니다.

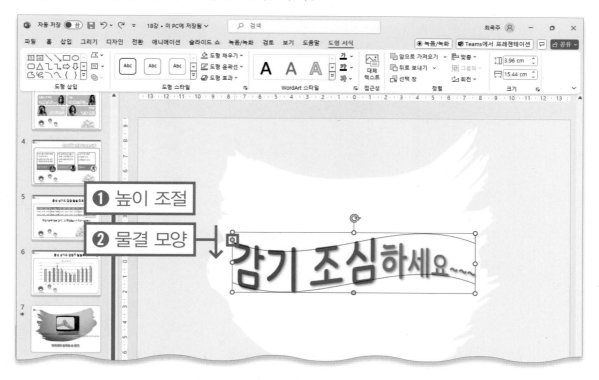

06 오른쪽 상단에 텍스트를 추가하기 위해 [홈] 탭–[그리기] 그룹의 [도형]에서 [텍스트 상자]를 삽입하여 '감기 예방! 작은 실천에서 시작됩니다.'를 입력하고 서식을 지정합니다.

- '글꼴: 국민연금체 Regular', '글꼴 크기: 14pt', '글꼴 색: 진한빨강', '문자 간격: 넓게'
- [도형 서식] 탭–[WordArt 스타일] 그룹–[텍스트 효과]–[그림자]–[원근감: 왼쪽 아래]

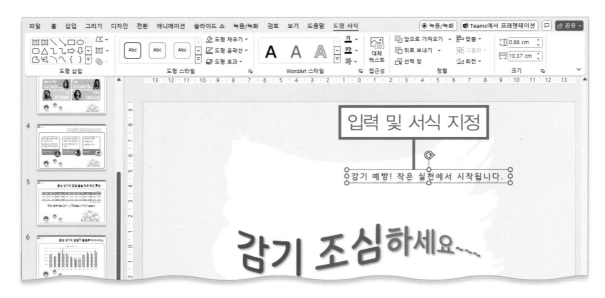

07 슬라이드 하단 그림처럼 [예제 파일]–[img] 폴더에 있는 [로고1.png] 이미지를 삽입하고 크기와 위치를 조절하여 엔딩 슬라이드를 완성합니다.

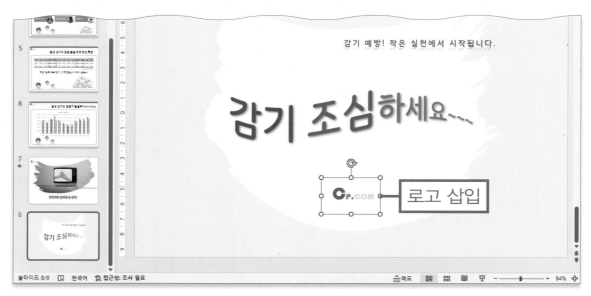

슬라이드 순서 바꾸기

01 작성된 슬라이드의 순서를 변경해 보겠습니다. [보기] 탭-[프레젠테이션 보기] 그룹에서 [여러 슬라이드]를 클릭합니다. '여러 슬라이드' 화면에서 [5번] 슬라이드를 드래그하여 [4번] 슬라이드 앞으로 이동시킵니다.

02 나머지 슬라이드도 아래와 같이 이동시킵니다.

📎 **조금 더 배우기**

기본 편집 화면 보기로 돌아가려면 [보기] 탭-[프레젠테이션 보기] 그룹에서 [기본]을 클릭합니다.

19

슬라이드 쇼와 효과 설정

POINT

슬라이드 쇼 기능은 프레젠테이션을 청중에게 보여주기 위해 사용하는 화면 모드입니다. 이 기능을 활용하면 전환 효과와 애니메이션을 추가하여 발표를 더욱 다이내믹하게 만들 수 있습니다. 이번 장에서는 슬라이드 쇼와 각종 동적 효과들에 대해 살펴보겠습니다.

▌완성 화면 미리 보기

▌여기서 배워요!

슬라이드 쇼, 화면 전환 효과, 애니메이션

슬라이드 쇼

01 [예제 파일]-[19강] 폴더에서 [19강.pptx] 파일을 불러옵니다. 슬라이드 쇼를 실행하기 위해 [슬라이드 쇼] 탭-[슬라이드 쇼 시작] 그룹에서 [처음부터]를 클릭합니다.

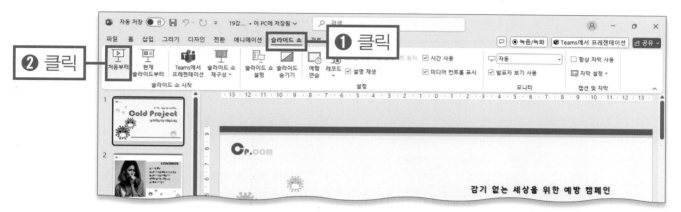

02 1번 슬라이드부터 슬라이드 쇼가 진행되는 것을 확인할 수 있습니다. 다음 슬라이드로 넘어가기 위해 슬라이드 위에서 마우스 오른쪽 버튼을 클릭한 후 [다음]을 선택합니다. 또는 슬라이드 위에서 클릭해도 됩니다.

🔖 **조금 더 배우기**

- 다음 슬라이드로 이동: 클릭 또는 방향키(→, ↓), Page Down
- 이전 슬라이드로 이동: 방향키(↑, ←), Page Up
- 특정 슬라이드로 이동: 슬라이드 번호 입력 후 Enter
- 슬라이드 쇼 종료: 마지막 화면에서 클릭 또는 마우스 오른쪽 버튼(쇼 마침)

슬라이드 쇼 옵션 살펴보기

01 슬라이드 쇼 상태에서 마우스 오른쪽 버튼을 클릭하면 다양한 옵션을 볼 수 있습니다. 특정 키워드를 강조하거나 메모를 달기 위해 빨간색 펜을 사용하기 원한다면 [포인터 옵션]-[잉크 색]에서 [빨강]을 선택한 후 마우스를 드래그하여 강조 또는 텍스트를 입력하면 됩니다.

📎 **조금 더 배우기**

포인트 옵션을 '펜'에서 '화살표'로 변경하길 원한다면 마우스 오른쪽 버튼을 클릭한 후 [포인터 옵션]-[화살표 옵션]에서 [자동]을 선택하면 됩니다.

02 슬라이드의 특정 부분을 확대하고자 한다면 마우스 오른쪽 버튼을 클릭한 후 [슬라이드 확대]를 선택합니다. 원하는 부분에서 클릭하면 확대하여 볼 수 있습니다.

📎 **조금 더 배우기**

확대 취소는 Esc 입니다.

전환 효과 지정 및 옵션 설정

01 슬라이드 쇼 실행 시 화면이 바뀔 때마다 동적 효과를 줄 수 있습니다. [1번] 슬라이드를 선택한 후 [전환] 탭-[슬라이드 화면 전환] 그룹에서 [자세히](▿) 버튼을 클릭합니다.

02 전환 효과 목록 중 [화려한 효과] 그룹에서 [큐브]를 클릭합니다. [미리 보기] 버튼을 클릭하면 '큐브' 효과를 미리 보기할 수 있습니다.

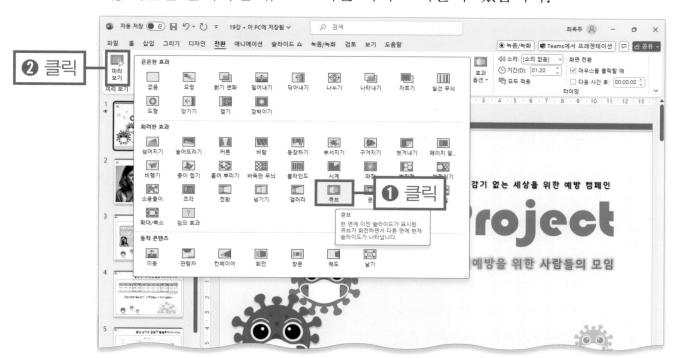

03 제목 슬라이드를 제외한 나머지 슬라이드에 동일한 화면 전환 효과를 지정하기 위해 [슬라이드 미리보기] 창에서 [2번] 슬라이드를 클릭한 후 [8번] 슬라이드를 Shift+클릭하여 모두 선택합니다. [전환] 탭-[슬라이드 화면 전환] 그룹에서 [밀어내기]를 클릭합니다.

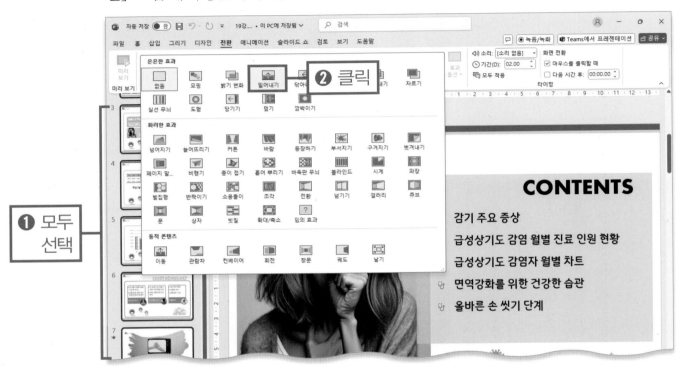

04 '밀어내기' 방향을 왼쪽으로 변경하기 위해 [슬라이드 화면 전환] 그룹에서 [효과 옵션]-[왼쪽에서]를 차례대로 클릭합니다.

STEP 04 목차에 애니메이션 지정하기

01 [2번] 슬라이드를 선택합니다. 슬라이드 내 개체별로 동적 효과를 지정하기 위해 제목을 클릭한 후 외곽선을 클릭합니다. [애니메이션] 탭-[애니메이션] 그룹에서 [자세히](▼) 버튼을 클릭합니다.

02 애니메이션 효과 목록에서 '나타내기' 그룹에 있는 [닦아내기]를 선택합니다.

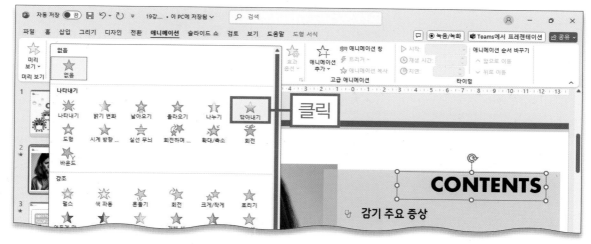

🖌 조금 더 배우기

[애니메이션] 그룹에는 다양한 효과들이 있습니다.
- 나타내기: 개체가 나타날 때 효과
- 강조: 개체가 나타난 상태에서 강조할 때 효과
- 끝내기: 개체가 사라질 때 효과
- 이동 경로: 개체가 경로를 따라 이동하는 효과

03 슬라이드 쇼 실행 시 자동으로 제목의 애니메이션이 시작되도록 [타이밍] 그룹에서 [시작]의 [목록] 단추를 클릭한 후 [이전 효과 다음에]를 클릭합니다.

04 본문 텍스트에 애니메이션을 지정하기 위해 본문 텍스트를 클릭한 후 외곽선을 클릭합니다. [애니메이션] 그룹에서 [날아오기]를 클릭합니다.

그룹된 개체에 애니메이션 순서 바꾸기

01 [3번] 슬라이드를 클릭합니다. [사각형: 둥근 모서리]를 클릭한 후 [감기 1.png] 이미지를 Shift+클릭하여 선택합니다. 이후 Ctrl+G를 눌러 2개의 개체를 그룹화합니다. 나머지 도형과 이미지도 2개씩 그룹화합니다.

02 첫 번째 그룹을 클릭한 후 각각의 그룹을 Shift+클릭하여 4개의 그룹을 모두 선택합니다.

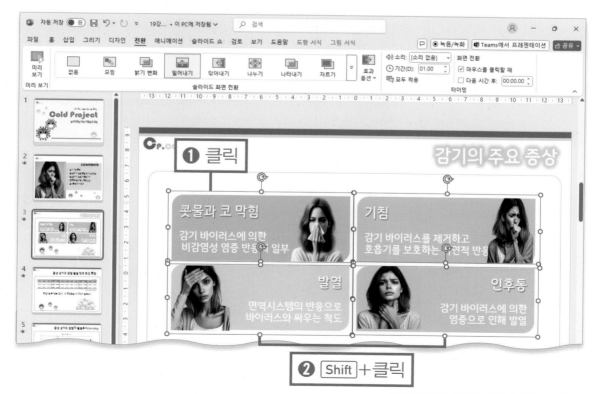

03 그룹된 개체들에 애니메이션을 지정하기 위해 [애니메이션] 탭-[애니메이션] 그룹에서 [올라오기]를 선택합니다. [타이밍] 그룹에서 '시작'을 [클릭할 때]로 변경합니다.

04 애니메이션 실행 순서가 세 번째인 '발열' 그룹을 두 번째로 변경하기 위해 [발열] 그룹을 선택한 후 [타이밍] 그룹에서 [∧앞으로 이동]을 클릭합니다.

05 지정된 전환 효과와 애니메이션을 확인하기 위해서 [슬라이스 쇼] 탭-[슬라이드 쇼 시작] 그룹에서 [처음부터]를 클릭하여 슬라이드 쇼를 실행합니다.

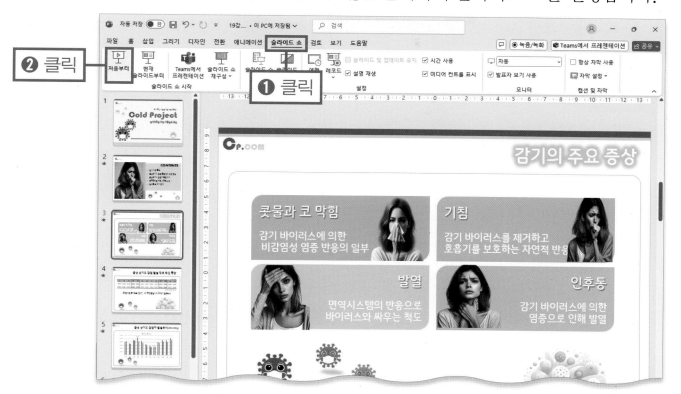

06 클릭하여 다음 슬라이드로 넘어갈 때마다 전환 효과와 애니메이션이 나타나는 것을 확인할 수 있습니다.

20 | 마스터와 인쇄

슬라이드 마스터는 프레젠테이션에 통일감 있는 일관된 서식을 적용하기 위해 슬라이드를 디자인하고 레이아웃을 관리하는 기능입니다. 이번 장에서는 그간 매번 변경시켜왔던 배경 이미지와 글꼴 서식들을 마스터에 적용해서 사용하는 방법을 익혀 보겠습니다.

▍완성 화면 미리 보기

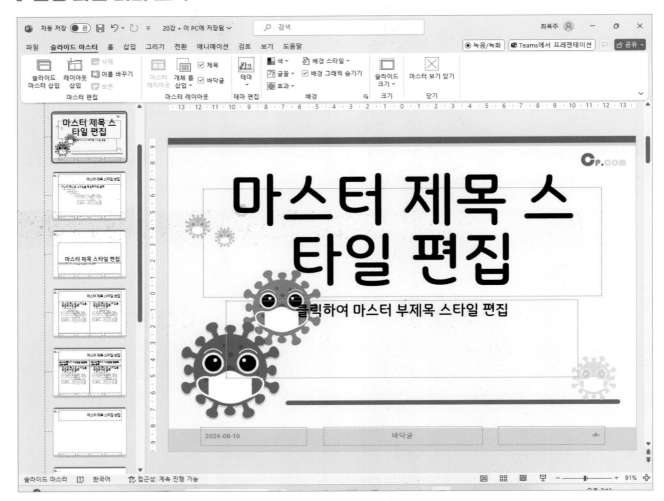

▍여기서 배워요!

마스터 종류 및 편집, 인쇄

슬라이드 마스터를 이용한 배경 지정

01 [예제 파일]–[20강] 폴더에서 [20강.pptx] 파일을 불러옵니다. [보기] 탭–[마스터 보기] 그룹에서 [슬라이드 마스터]를 클릭합니다.

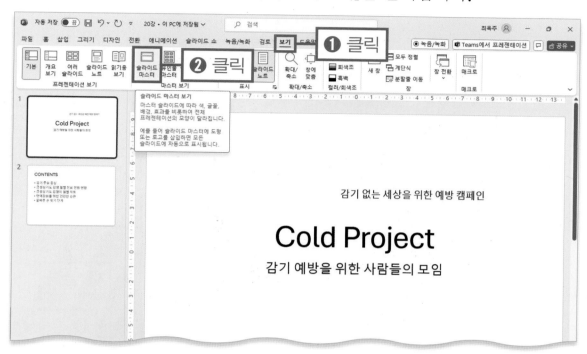

02 '슬라이드 미리보기' 창에서 첫 상단에 있는 [Office테마 슬라이드 마스터 : 슬라이드 1~2에서 사용]을 선택합니다. [슬라이드 마스터] 탭–[배경] 그룹에서 [배경 스타일]–[배경 서식]을 차례대로 클릭합니다.

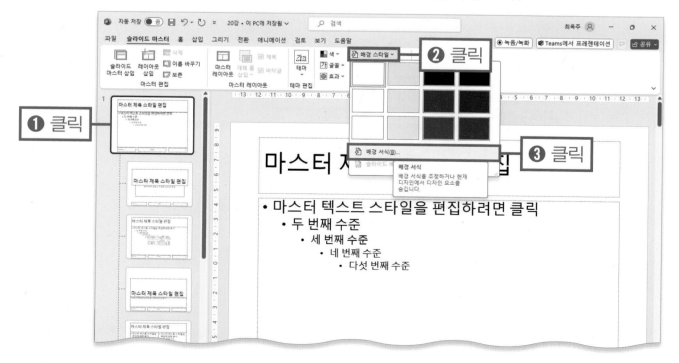

03 '배경 서식' 작업 창에서 [그림 또는 질감 채우기]를 선택한 후 [삽입] 버튼을 클릭합니다. '그림 삽입' 대화상자에서 [파일에서]를 클릭한 후 [예제 파일]-[img] 폴더에 있는 [본문배경1.jpg]를 선택하고 [삽입] 버튼을 클릭합니다.

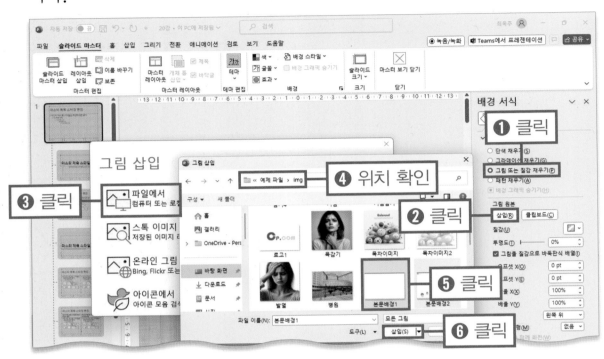

04 로고를 배경에 넣기 위해 [삽입] 탭-[이미지] 그룹에서 [그림]-[이 디바이스]를 차례대로 클릭합니다. [예제 파일]-[img] 폴더에 있는 [로고1.png]를 선택하여 삽입합니다. 아래와 같이 [로고1.png]의 위치를 이동시킵니다.

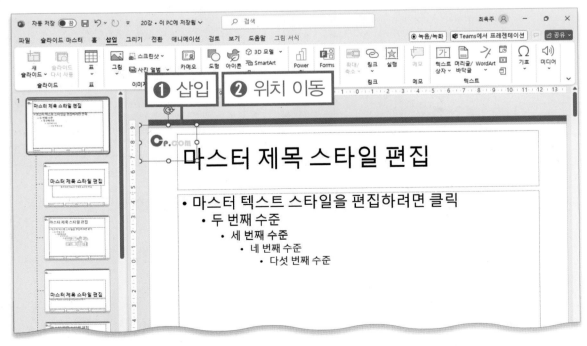

슬라이드 마스터의 글꼴 서식 지정하기

01 [마스터 제목 스타일 편집] 텍스트 상자의 외곽선을 클릭합니다. [홈] 탭의 [글꼴] 그룹을 이용하여 '글꼴'은 [국민연금체 Regular], '글꼴 크기'는 [36pt], [오른쪽 맞춤]을 지정합니다.

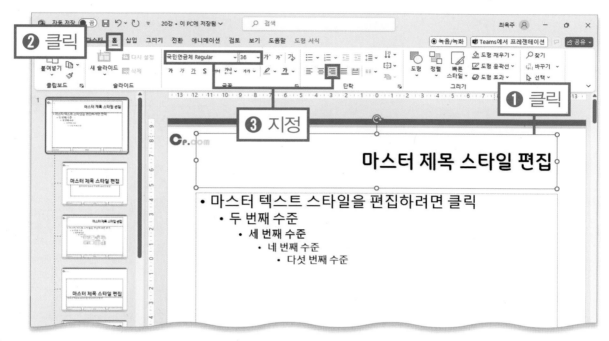

02 본문 텍스트 상자에 1수준 단락을 드래그하여 선택한 후 '글꼴'을 [국민연금체 Regular]로 지정합니다. [단락] 그룹에서 [글머리 기호](≔∨)−[글머리 기호 및 번호 매기기]를 차례대로 클릭합니다.

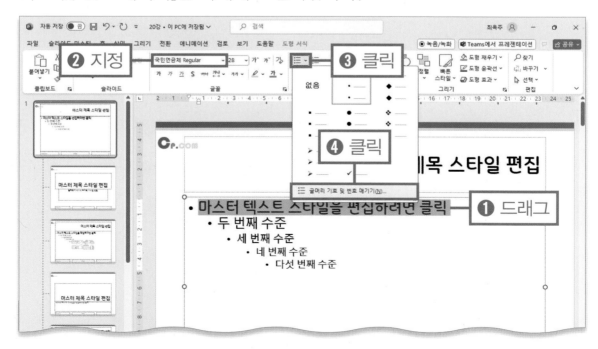

03 '글머리 기호 및 번호 매기기' 대화상자에서 [그림]을 클릭합니다. [파일에서]를 클릭한 후 [예제 파일]-[img] 폴더에 있는 [청진기.png]를 선택하고 [삽입] 버튼을 클릭합니다.

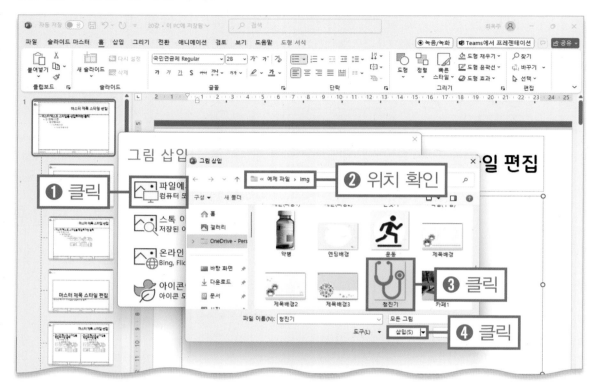

04 '글머리 기호'와 텍스트 사이 간격을 조절하기 위해 '눈금자'의 [텍스트 위치](🔼) 버튼을 오른쪽으로 드래그하여 조절합니다.

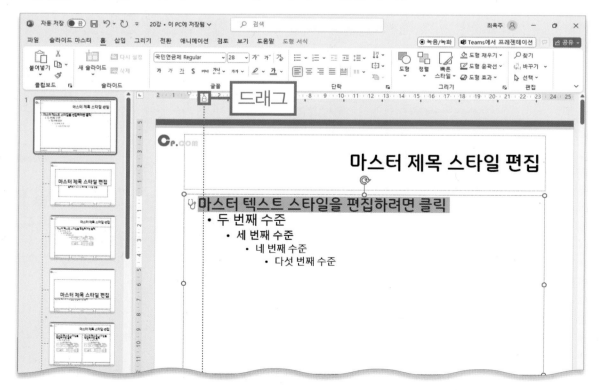

제목 마스터 디자인하기

01 '슬라이드 미리 보기' 창에서 [제목 슬라이드 레이아웃 : 슬라이드 1에서 사용]을 선택합니다. [슬라이드 마스터] 탭-[배경] 그룹에서 [배경 그래픽 숨기기]를 클릭하여 '로고1.png'가 숨겨지도록 합니다.

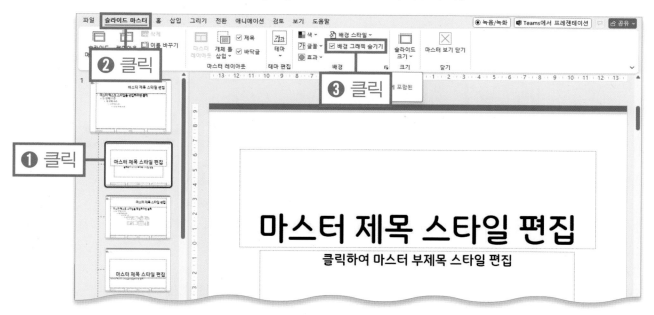

02 제목 슬라이드 레이아웃에 배경 이미지를 지정하기 위해 [배경] 그룹에서 [배경 스타일]-[배경 서식]을 차례대로 클릭합니다. [그림 또는 질감 채우기]를 선택한 후 [삽입]을 클릭합니다. [파일에서]를 클릭한 후 [예제 파일]-[img] 폴더에 있는 [제목배경(마스터).jpg]를 선택하고 [삽입] 버튼을 클릭합니다.

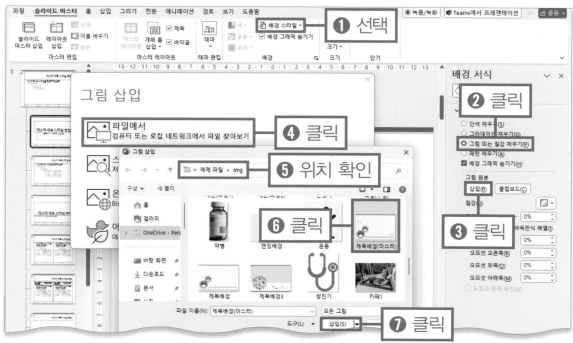

03 [마스터 제목 스타일 편집] 제목의 외곽선을 클릭합니다. '글꼴'은 [Bauhaus 93], '글꼴 크기'는 [96pt]로 지정합니다. [단락] 그룹에서 [텍스트 맞춤](⊞▾)을 [중간]으로 선택합니다.

🖋 조금 더 배우기

'Bauhaus 93'은 영문에 적용되는 글꼴이므로 마스터를 종료한 후 제목 슬라이드의 제목을 선택하면 'Bauhaus 93'이 적용된 것을 확인할 수 있습니다.

04 로고를 배경에 넣기 위해 [삽입] 탭-[이미지] 그룹에서 [그림]-[이 디바이스]를 차례대로 클릭합니다. [예제 파일]-[img] 폴더에 있는 [로고1.png]를 선택하여 삽입한 후 그림과 같이 [로고1.png]의 위치를 이동시킵니다.

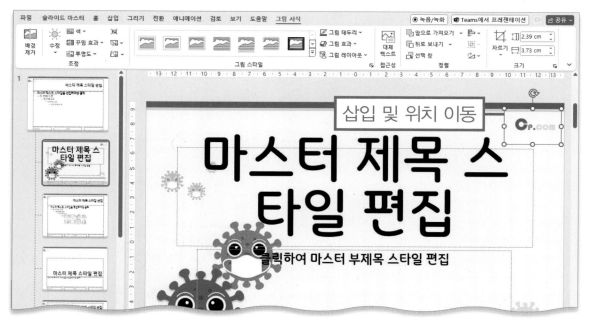

05 [마스터 보기 닫기]를 클릭하여 마스터 보기 화면을 빠져나옵니다.

06 [20강.pptx] 파일에 마스터에서 디자인한 서식이 지정된 것을 확인할 수 있습니다. [홈] 탭-[슬라이드] 그룹에서 [새 슬라이드]를 클릭하면 추가되는 슬라이드에도 디자인이 적용되는 것을 확인할 수 있습니다.

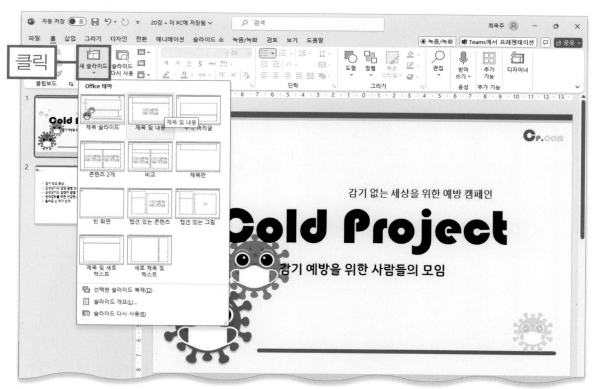

01 모든 슬라이드를 인쇄하려면 [파일]−[인쇄]를 차례대로 클릭합니다. '설정' 메뉴에서 [모든 슬라이드 인쇄]를 클릭합니다.

📎 **조금 더 배우기**

· [설정]에서 현재 슬라이드 또는 특정 범위의 슬라이드를 지정할 수 있습니다.

02 청중들에게 나누어 줄 유인물을 출력하여야 한다면 [전체 페이지 슬라이드]를 클릭하여 유인물 형태를 선택하면 됩니다.

1판 1쇄 발행 2025년 5월 2일

저　　자 | 최옥주
발행인 | 김길수
발행처 | ㈜영진닷컴
주　　소 | (08512) 서울특별시 금천구 디지털로9길 32
　　　　　　갑을그레이트밸리 B동 10F
등　　록 | 2007. 4. 27. 제16-4189호

Ⓒ2025. ㈜영진닷컴

ISBN 978-89-314-7941-6

YoungJin.com **Y.**
영진닷컴